今こそ使える
昭和の仕事術

ビジネスマン
30年生の経験が
たった3分で身につく

後田良輔
Ryosuke Ushiroda

かんき出版

はじめに――誰も教えてくれない最強スキル

「仕事の失敗と成功の秘密」を研究して30年。
その成果を１００個の仕事のコツにまとめ、１テーマたったの３分で読めるように、ぎゅっと凝縮《ぎょうしゅく》してまとめたのがこの本です。

Google に勤務している方から、こんなことを聞きました。
「デジタル化が進んだ今だからこそ、逆にアナログコミュニケーションが重要なんです」

多くの若手ビジネスパーソンは、デジタルツールを使いこなす一方、逆にアナログコミュニケーションを苦手とし、結果、損をしています。それは究極的には、「デジタルのみが進化して対人場面に慣れていない（怖い）」「そもそもコミュニケーション方法を教えられたことがない」や、「よかれと思った自分の行動が相手に受け入れられなかったらどうしよう」という不安等によるものだと言えます。

この本は、誰も教えてくれないアナログコミュニケーションの悩みを救う「アナログ仕事術」の実用書です。**デジタル世代のあなたがこの本を読めば、まさに鬼に金棒。**

この本では、日本経済の黄金時代を築《きず》いた「知っている人と知らない人で大きな差が生まれる昭和の仕事術（アナログコミュニケーション）」に注目し、何がコミュニケーションの成否を分けるのかを、具体的な行動から解説していき、あなたの悩みや課題をズバッと解決します。

遅くなりました。私は後田良輔（うしろだりょうすけ）と申します。

大手広告会社に30年間営業職として勤務し、誰でも使える「タイムパフォーマンス抜群の気くばり（略《りゃく》してタイパ気くばり）」を駆使《くし》する気くばりのプロフェッショナルと言われています。

これまで応対したＶＩＰは、世界企業のＣＥＯ、東証上場会社の社長、政治家、医者、弁護士、大学教授、大物俳優、ミリオンセラー作家、世界Ｎｏ．１クリエイターなど総勢３、

０００名を超え、この特別丁寧に接しなければならない顧客との交流で磨かれた上質なスキルと、「東京・名古屋・大阪」のビジネス三大都市で、実際に住んで身につけた30年のリアルな経験をぎゅっと凝縮《ぎょうしゅく》させた誰でも使える「タイパ気くばり」に定評があります。この独自の気くばりを駆使したところ、飛び込み営業成功率72・6％、累計30億円以上の商談を獲得できました。

……ですが、元は母子家庭の貧乏家庭に生まれ、差別と迫害の幼少期を過ごした自他ともに認める「落ちこぼれ」です。

学力は高３秋のテストで４３０人中４２０位を記録。ギリギリ入れた三流大学を卒業後、奇跡的に広告会社に入社するも、単純ミスで１００万部の誤印刷をする。キャンペーン期間が終了した日付で全国新聞に広告を掲載するなどのありえない失敗を連発。よかれと思ったことがすべて裏目に出て、そのストレスでうつ病になり、半年間社会人をリタイアしました。

そんなどん底から抜け出すために、行動が裏目に出る理由を解明すべく**古今東西の気づかいの方法を2、000時間以上研究した結果、誰でも使える「タイパ気くばり」の開発に成功。**

すると仕事では大きな成果を出せるようになり、プライベートでは本を複数出版。一部の本は海外翻訳《ほんやく》もされました。

またこれらの実績を買われ全国の大学や企業から講演・研修依頼が殺到。テレビ・ラジオ・新聞・雑誌などのメディア露出は50回以上、リクナビＮＥＸＴジャーナルなど大手ネットメディアへの寄稿は１００本を超えました。今では「世界からコミュニケーションの悩みをなくすこと」をミッションに日々活動しています。

そんな私の得意分野は、できない自分だったからこそ身につけることができた「気働《きばたら》き」です。かっこよく言うと「仕事のおもてなし」と言えます。

仕事の価値は、「あなたが決めるのではなく、相手が決めること」です。

その相手を知り、相手が求めることにきちんと応《こた》え、時にはそれ以上を目指そうというのが本書でお伝えする昭和の仕事術です。

昭和の仕事術と言っても、口うるさい上司の小言集ではもちろんありません。

仕事の基本から始まり、不快と思われない方法、仕事における会話の作法、ビジネスシーンのあるべき姿、社内や営業活動で気をつけること、はたまた会食やメール・ＳＮＳ・テレビ会議。そして自分の成長のための行動を100個セレクト。1テーマたったの3分で読めるように濃縮してお話ししていきます。

当たり前と思えることや、些細《ささい》な工夫もありますが、私自身が30年かけて研究して、どれも成果が出たシンプルかつ強力なものばかり。普通の人は見過ごして、デキる人だけが実践《じっせん》している最高の結果を生むアナログコミュニケーションと、その原理についてわかりやすく解説していきます。

これらを身につけると相手を大切に思う気持ちを「行動」や「言葉」という形にして、心地よさを届けることができるようになります。またみんなのことを考えられる、優しい人になることもできます。その神髄《しんずい》は「人間学」です。まるで茶の湯や禅の教えのような日本人ならではのおもてなし精神で、「相手のことを察《さっ》して気づかう仕事ぶり」を目指しています。

でも昭和と言うくらいだから、「ヨイショの技術なんでしょ?」ですって?

たしかにヨイショと思われるものも存在します。でもヨイショと思われることの何が悪いのでしょうか?

仕事は全員に好かれることが目的ではありません。特定の人にあなたの仕事ぶりで喜んでいただき、成果を出すのが真の目的のはず。あなたが万人に好かれる必要がある政治家やアイドルでないのなら、全員に好かれるなんて考えは百害あって一利なし。

それよりたった一人でよいので「あなたがいてよかった」と思われることを目指すのが仕事の正解ではないでしょうか。

本書でお伝えするのは我々の親はもちろん、ご先祖様たちが自《みずか》らの人生経験を通じて知った「昭和の仕事遺産」「おもてなし遺産」です。つまり忘れてしまっていた大切な仕事の基本ばかり。ひとつひとつは難しいことは何もありません。

でもその効果はおそろしいもので、ほんのちょっとした微差にも関わらず、これを知っているか・知らないかで、天と地ほど大きな結果の差が出ます。またこれらの基本を積み重ねるだけで、まわりから一歩抜き出たデキる人になれます。

そんな強力な技術にも関わらず、今は誰も教えなくなりました。

なぜならパワハラ・セクハラなどコンプライアンスが重視される時代になったからです。

「人に叱《しか》られなくなったら終わりだ」なんて昔から言われていたのはもはや死語です。

あなたの上司や先輩は「あなたのミスや失敗を指摘しアドバイスすると、パワハラと言われるかもしれない。だったら言わないでおこう」と考え、自分の保身《ほしん》のために叱ることはもちろん、指導すら意図的に放棄《ほうき》しています。

それにも関わらず彼・彼女らは心の中で「本当は違う」と考え、あなたにマイナスの評価を下《くだ》している……。これが令和の残酷《ざんこく》な現実です。

コミュニケーションに対しての苦手意識は、あなたに問題があるわけでなく、時代に原因があったのです。だからこそ私は、誰も教えなくなった昭和の仕事術をあなたに伝えたい。

昭和の仕事術は、現代人のあなたには、最初はちょっと違和感があるかもしれません。でも「昭和→平成→令和」と時代を乗り越えて、今こそ使える昭和の仕事術を知らずに「気にしない・気にかけない・気づかいしない」を続けると、周囲はもちろん時代からも取り残されていきます。

逆に「こうしたら喜んでもらえるのでは?」「お互いを思いやるにはどうすればよいのだろう?」と考えて行動すれば、理想とする仲間が増え、成果もどんどん出始めます。

昭和の仕事術は簡単なものばかりです。しかしその極意はまるでアートと言ってよいほど奥が深い。**高級ホテルのサービスやホスピタリティの上位概念とも言える「デキる人・**

一流の人だけが知っている昭和の仕事術」を、ぜひあなたにも身につけていただきたい。

現代の若者の3人に1人が、「現在の職場がゆるい」「このまま所属する会社の仕事をしていても成長できない」と考え、2人に1人が「自分は別の会社や部署で通用しなくなるのではないか」と心配している時代です（リクルートワークス研究所2022年調べ）。

働き方改革やパワハラ防止法などで対人スキルを厳しく指導する人が絶滅し、コロナ禍でデジタルテクノロジーだけが突出して進化した今だからこそ、本書で伝える昭和の仕事術がとても重要になりました。またこの技術を身につければAIがどんなに進化しても怖くはありません。なぜならAIは、最適化は得意ですが、気づかうことは苦手だからです。

「コミュニケーションの正解が知りたい」「このままではヤバい」「もっと成長したい」と感じているなら、一周回って今こそ使える「昭和の仕事術」を、私と一緒にのぞいていきましょう。

本書を事前に読んだ方の感想です。20代〜60代まで大反響！

自分と合わないと思った人との接し方を変えてみようと思いました。相手の行動を変えようとするのではなく、自分の行動を変えることで、相手の行動が自然と変わるようになるのではないかと思いました。

具体的に実践したのは「相手が使う言葉に自分の言葉を合わせる」「相手の気持ちになって考える」です。そうすることで、相手に良い印象を持ってもらえるだけでなく、会話中の齟齬も少なくなりました。

他の本との違いは、具体例が身近な内容だったことです。「あっ、それだけでいいんだ」「そんなことか」と思わせてくれました。

この本は、**ビジネスだけでなく、人とコミュニケーションを取るうえで必要なスキルだと思います。**

人間力や女子力を鍛えることもできます！知って損なし、逆に知らないことが恥ずかしい。

E・T　20代　女性

あまり今までこのような内容の本を読んだことがなかったので、とても新鮮な気持ちで読ませていただきました。この本を読んで、「そういえば昔は気を付けていたことが今はできていないかもしれない…」と思ったり、逆に、「これは継続できている」「これはできるようになった」というポジティブな感情も生まれました。

社内での関係や取引先との関係は基本的には変わらないような環境なのですが、より仕事をしやすく、評価されやすい行動を意識すれば、自分自身の仕事や生活に関してももっといい方向に進められると確信しました。本の内容を少しずつ実践してみようと思います。

私がもし同年代の友人におすすめするなら、「仕事に慣れた今だからこそ、読んでみたほうがいい。初心を思い出し、今だからこそ使える新しい技術をインプットできるよ」と伝えたいです。

M・S　20代　女性

今日からすぐに使えるような仕事術がたくさんあり、とても勉強になりました。しかも、難しいことではなく、少しの意識の変化で取り組めるようなことばかりだったので、早速、実践したいです。1ページにひとつの仕事術という構成で、やり方と効果、そしてわかりやすい実例が記載されており、読書が苦手な私でもあっという間に読み終えてしまいました。
少し意識を変えただけで、自分のやる気や他者からの評価が上がるような技術が網羅されています。

A・N　20代　女性

このような本は、大体「○○しよう」「○○をすべき」の○○のハードルが高い、最初から優秀な人が一方的に語り掛けてくるような感覚を持ちます。ですが、この本は、著者が自分の未熟だった部分をさらけ出してくださっているおかげで「共感」からスッと内容が入りやすかった印象です。

この本は、働き方に迷う人、新たな職に就き何からはじめたらいいかわからない人にはもちろんですが、単純に自分を好きになってほしい人、**好きな人を振り向かせるためにも役に立つ本だと思いました。**

なぜかというと、「挨拶に名前を添える」や「うなずきを見える化」は、私が好きな人に使っていたモテ術です！（笑）

M・R　20代　女性

この上司と付き合うためにはどうすればいいのか。その**上司が本当に求めていることは私の行っていることと合っているかを確認することが、この本の面白さだと感じました。**

テディベア　20代　男性

どんどんデジタル化が進んでいく時代の中で、アナログな仕事術を身につけることがいかに大切であるかを痛感させられました。また、ご紹介いただいたこれらの仕事術は専門的な知識や時間を必要とせず、誰でもすぐに実践できるものばかりで、**読んだ次の日に早速試してみたくなりました。**

知識や経験に乏しい新卒でも平等に試すことのできるアナログコミュニケーションがたくさん紹介されているところが一番の魅力だと感じました。遠い未来よりも、まず5分後にできることから実践していくことが成長に繋がるのだと気づかされました。

ベテラン仕事人の方、最前線で活躍する中堅社員の方、新入社員、すべての世代のサラリーマンに刺さるお仕事と向き合うコツがたくさん詰まっております。

多くのシーンでタメになること間違いなしです。

R・Y　20代　女性

究極の営業職の虎の巻だと思いました。

仕事の悩み（上司との価値観の不一致）に関しても冷静になってこの本を読めば（読み直せば）ひとつ上のステージに近づけると確信しました。

たらたらと文章をつなげるのではなく、ひとつひとつコンパクトに短時間で決める内容になっているので、忙しいサラリーマンでも手軽に読めてとても良い構成だと思いました。

この業界の教科書（すべてが書いてある）なので、必ず読んで、１か月以内に感想を聞かせてほしいです！　と周りの人に言います。

K・Y　20代　男性

新社会人が所作を学ぶ教科書としてはもちろん、中堅社員も目を通すことで初心に返るきっかけになる1冊だと思いました。

わざわざ先輩や上司が教えてくれない細かい所作などの説明があったのがよかった。社会人歴が10年を超えてもたまに基本的なことが抜けてしまったりしていたので初心に返るいいきっかけになりました。

ひとつずつポイントがまとめられていたのと、それぞれの話にエピソードがついていたので状況が想像しやすくてとても読みやすかったです。

K　30代　女性

ちょっと読んでみようかと手にとり、そのまま一気に読み終わりました。

ひとつのパートが簡潔で気づきにあふれており、とても面白かったです。全ページが役に立つから、どこからでも開いて読んで！　と周りの人に伝えたいです。

T・S　30代　男性

まず、自分の営業スタイルを再点検する機会になりました。

本書で紹介されている内容のベースは、どれもいかに相手の気持ちになれるかというおもてなしの気持ちだと思います。

ひとつひとつの項目を読みながら、お客様、同僚、協力会社の方、みんなが気持ちよく仕事ができるように自分自身が行動できているか振り返る機会になりました。

また本書の中でも難しい課題をタスクに落とし込むという話が出てきますが、本書は社内外で信頼される営業マンになるためのテクニックが今すぐ実行できるレベルで落とし込まれている点が特徴かと思います。

ひとつひとつ確認しながらできていないことは今すぐ取り組もうと思います。

提案の内容で勝負！　と思っているのに**なかなか結果が出ない若いビジネスパーソンは本書が壁を破るヒントになるかもしれません。**

Y・M　30代　男性

一つのテーマについて、「やり方」「効果」と端的に記載されており、詳細な解説についても1ページに記されていて、とても読み進めやすかった。

解決策までたどり着きやすく、**ふと疑問を感じたときに教科書のように何度も手に取って読み返したいと思った。**

「昭和の仕事術」と聞いて、最初はもっと若者への指南書として長々と指摘されたり説明されるような内容なのだろうかと思ったが決してそんなことはなく、日常でふと、こういうときどうすればいいんだっけと身に覚えのある職場での場面が沢山設定されており、悩みを持つ人にとても寄り添われている本なのだと感じた。

また、ただ教科書としての存在だけでなく、これでいいのかな？　とどこか曖昧なままでこなしていたり、日常で行っていた動作がこちらに記されているのを見つけると、これまでしていたことは間違っていなかったのだと、自分に自信を持てたり、悪い例として出ていたら、今後は直そうと背筋が伸びるような、自分の行動の答え合わせができる参考書のようにも感じた。

（「記憶ではなく道具に頼る」はこれまでも注意しているつもりでしたが、より気をつけて実践しようと思いました。「開けたドアは2秒間押さえる」「情報に接する際は自分の意見を持つ」等はできていたと思うので、これからも続けます）

Y・K　30代　女性

便利な世の中だからこそ、あえて不便な非効率的なこと、矛盾することが面白いのだと50歳を目前にして真剣に思います。

人と人の本質はデジタルではなく、アナログです。全人類がロボットにならない限り、昭和の遺産（レガシー）は永遠に生き続けると思います。

H・K　40代　男性

どのスキルもその先にはリアルな「人」がいる。それを改めて気づかされる内容でした。またどんなタイプでもどのような仕事でも必要なものがバランス良く入っていたのは、他書とは違いますし、その時々で見返すことができるバイブルになると思います。そして何よりも仕事だけでなく日常生活に応用ができるという点を感じたので、20代、30代の方がどう活用するのか知りたいと思いました。

失敗しないことは大事なことではあるが、時には失敗することで成長ができる、慎重さは一度捨てて可能性を広げよう！　その為のバイブルです！（今は慎重で失敗しないようにと調べて頭でっかちの人が多いので特にこれを）

M・N　40代　女性

20代〜30代に対して「昭和の仕事術」を伝える書籍でありながら、それ以上の年代にとっては処世術や基本的マナーを振り返るための教科書の役割も担っていると思いました。

頭ではわかっているもののなかなか実践できていなかった内容はもちろん、無意識のうちに実践できていることも含まれており、自分を見つめ直す良い機会になりました。

経験上、正に「昭和流」や「おもてなしの心」が時にはToo muchで煙たいと感じることも（自分で意識的にやっているときにはやり過ぎでは…？　と思ったりも）多々ありましたが、今回、原稿を拝読し、そのどれもが非常に重要な要素であったことに改めて気付かされました。気付かせていただいた後田さんと、その環境を与えてくれていた上司に感謝したいと思います。

『昭和の仕事術』というと多少難しい本のように感じるかもしれないけれど、**コミュニケーションやおもてなしのコツなども含め解りやすく端的に説明してくれているとても読みやすい本。**

ビジネス面に限らず人間力を高めるためのヒントも満載だから、是非一度読んでみてほしい！」といった感じでしょうか。

N・K　40代　女性

本を読ませていただいて、私は40代なので大きく考えや悩みに対する度合が変わった！　なんてことはありませんでしたが、とても合理的だと思いました。驚きました。昭和の粗さの中にこんな繊細な理論があるとは！

20年前の自分に読ませたいです。他の本と違って実体験が書かれているのでイメージがしやすく、頭にすんなり入ってきました。

経済成長した昭和時代、成長できた理由がきちんとあった！　ちゃんと令和にも使えるよ！　です。

T・I　40代　男性

そうそう、あの頃はそんなことがあったなあ、誰かこう教えてくれたらよかったなあ、と納得。（もしかしたら教えてくれた人がいたけど私が気づいてなかっただけかもしれませんが）→改めて今から、また少しやってみようかなと思ったことがあった。

20代の方には、社会人になったあと、人付き合いがしんどい、うまくいかないと感じるときに読んでほしい。

もっと上の世代には、自分の仕事のスタイルを変えたいと思ったとき、周りのうまくいく人をうらやましいと思ったときに読んでほしい。

E・M　40代　女性

1つ1つが短く、読みやすく、理解しやすい。

（ダラダラと長い文章より、何を伝えようとしているのかがわかりやすい）

「やり方」と「効果」が端的に書いてあることで、「著者が何を伝えようとしているのか」がわかりやすく、「その効果が得られるのであればやってみよう」と思える。
○○調べでは…とか、学術誌○○によると…とか、哲学者のキケロは…などの引用があり、著書の独りよがりではない裏付けが入っていることでスッと心に入り、納得性が高まりつつ読める。
平易な言葉を使い、また「でも、だいじょうぶ」など、やってみようと思う人に安心感を与える文章である。

「最初からデキる人」だった人が書いた本ではなく、自分の大きな失敗も包み隠さず書いていることで、若い人が安心して読めそう。

ビジネスの中では「自分がどうか」より「相手にどう思われるか」が大事であることを若い人に知ってもらえるいい本だと思います。

何となく昭和の仕事術が身についてきたタイプですが、あらためて言葉にして読むと「なるほど、そうそう」と納得することが多かったです。

A・K　50代　女性

自分ができているわけではありませんが、「そうそう！」とか「それはした方がいいね」と思うところばかりで、今の自分が忘れてしまった謙虚さのようなことも思い出すいい機会でした。職場での振る舞いや仕事を周りの人とどう進めればいいかを悩んでいる若い人に読んでほしいと思いました。

読んだ人の中には「そこまで媚び売らないといけないの？」と思うところもあると思います。けどそれは媚びではなくて、結局仕事は相手に喜んでもらうことだし、その実現は一人ではできないことなので、そのためにどう振る舞うのがいいかをシンプルに考えて、**この本に書かれていることの何か一つでもいいから始めてみるといい方向に進むと思います。**

M・Y　50代　男性

DXが進み、リモートワークによる働き方が定着する昨今、改めてビジネスにおけるコミュニケーションの意味が問われていると感じます。しかし、この本を拝読させていただき、ビジネス作法の本質は変わっていないのだと再認識しました。そして人間同士の心と身体の距離が近かった**日本の昭和にこそ、多くのヒントがあるのだと思いました。**

世界中のビジネスマンに今読んでほしい実践的なビジネスの心の書だと思います。

マット　60代　男性

今こそ使える　昭和の仕事術
ビジネスマン30年生の経験がたった3分で身につく

もくじ

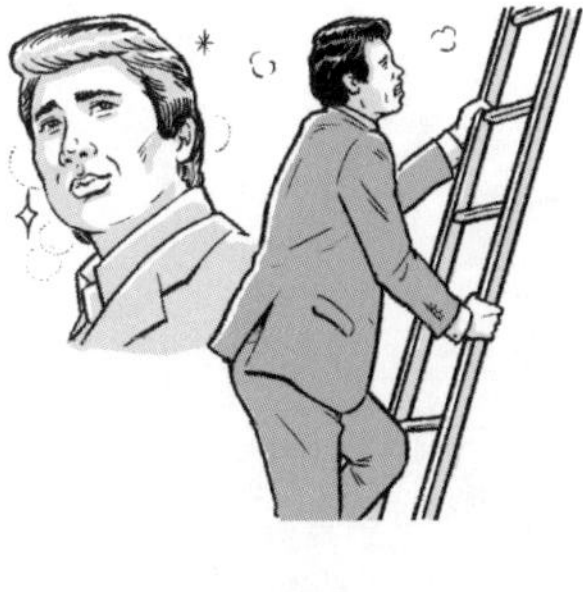

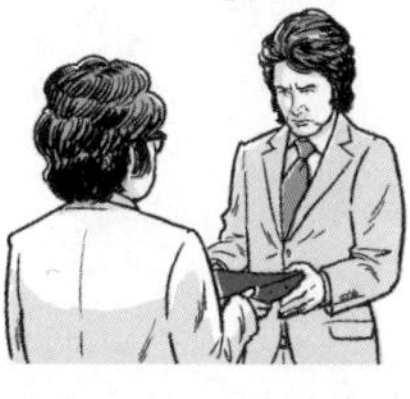

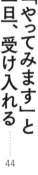

Chapter

2 不快にさせない仕事術 …… 53

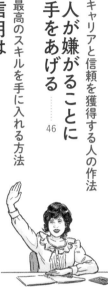

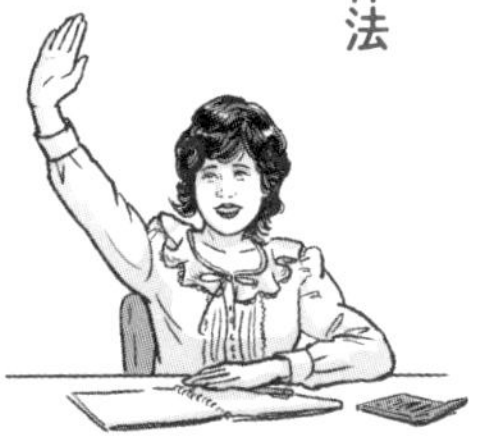

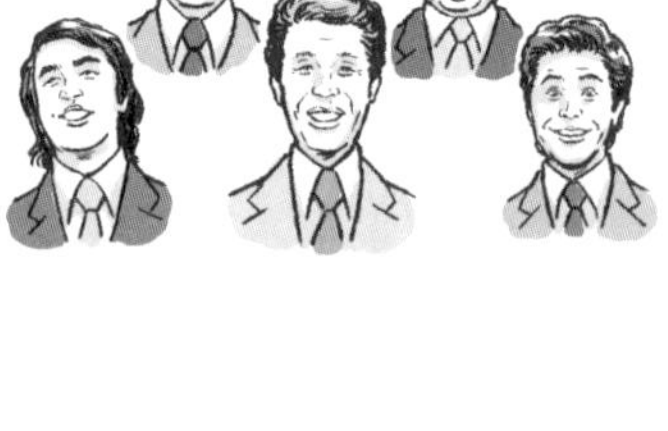

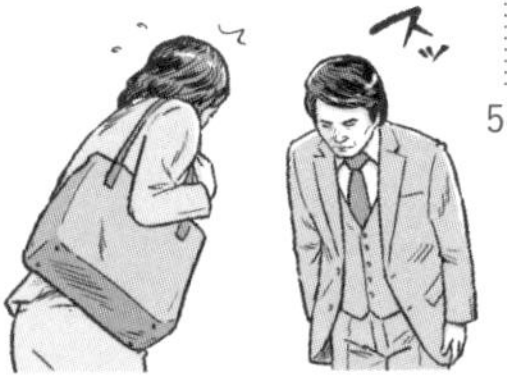

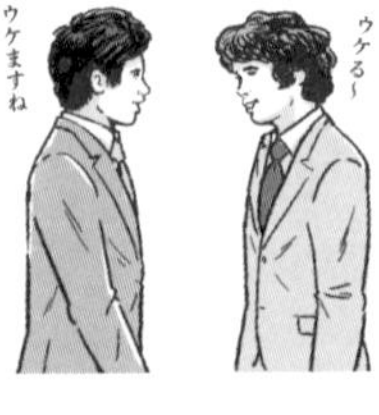

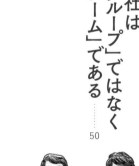

日時
場所
議題
参加者

議事録
作りまーす

Chapter 4 会話の仕事術 ……97

Chapter 5 ビジネスシーンの仕事術

最高でした
そうだろ!

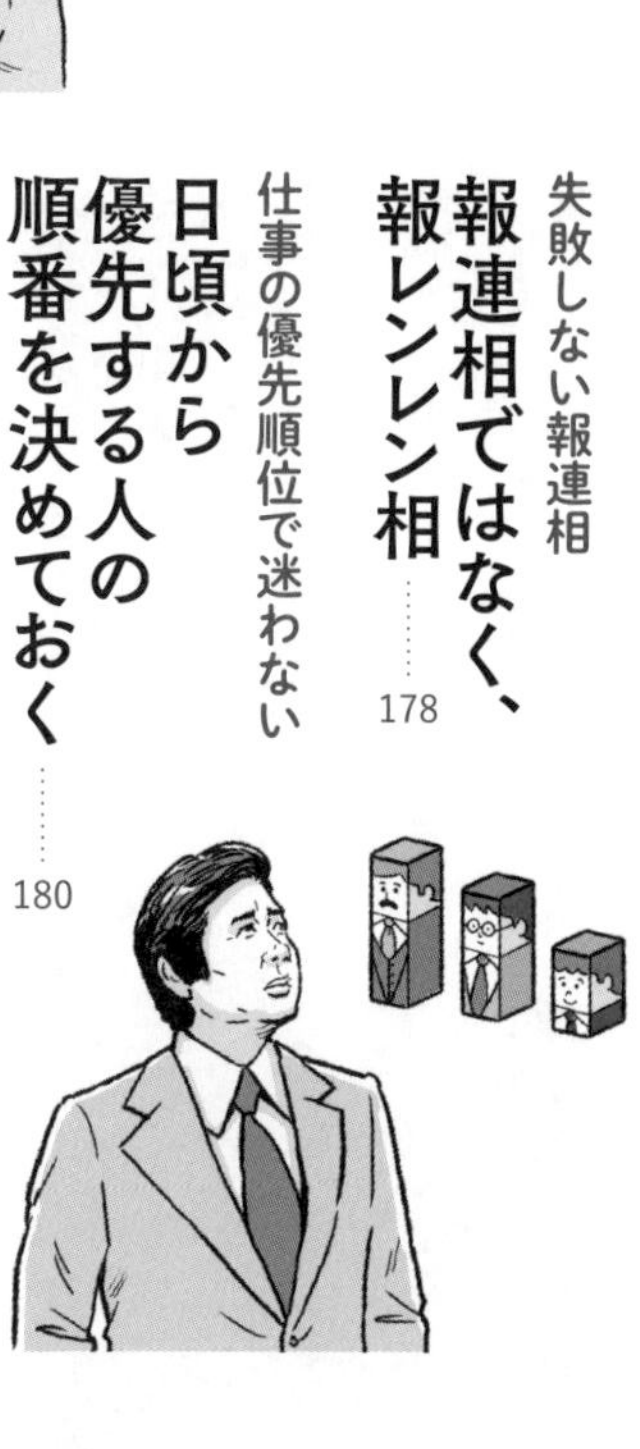

Chapter 8 営業の仕事術

Chapter 9 会食の仕事術

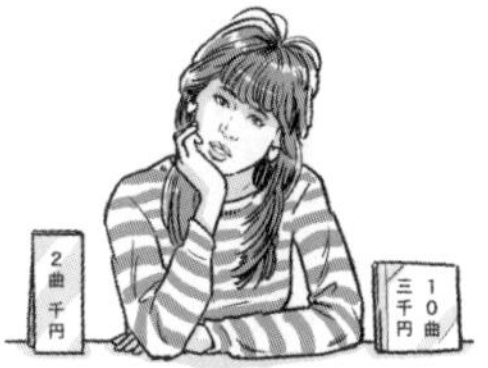

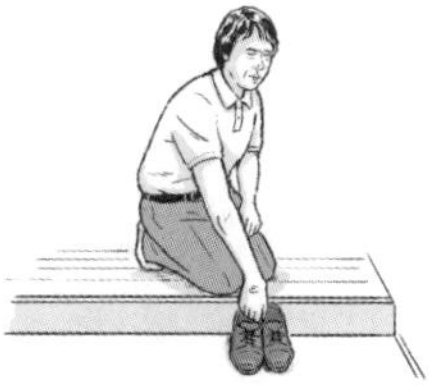

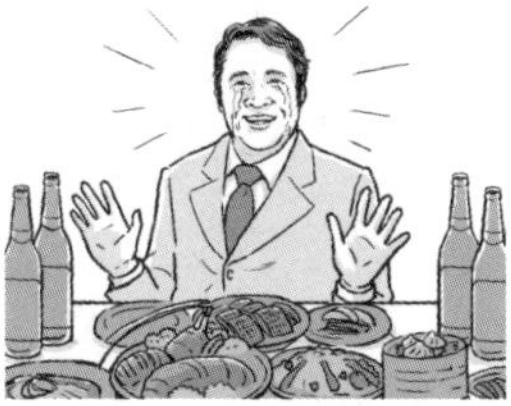

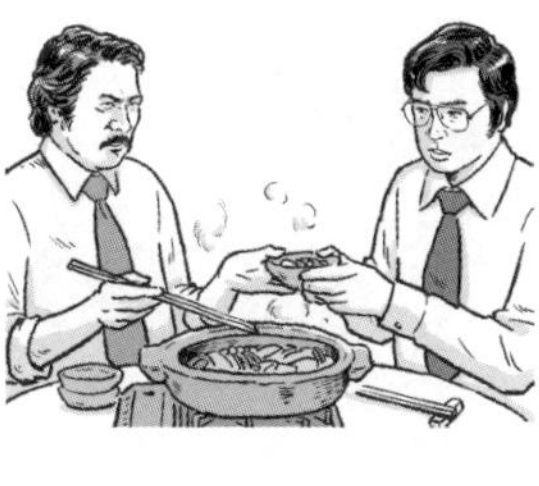

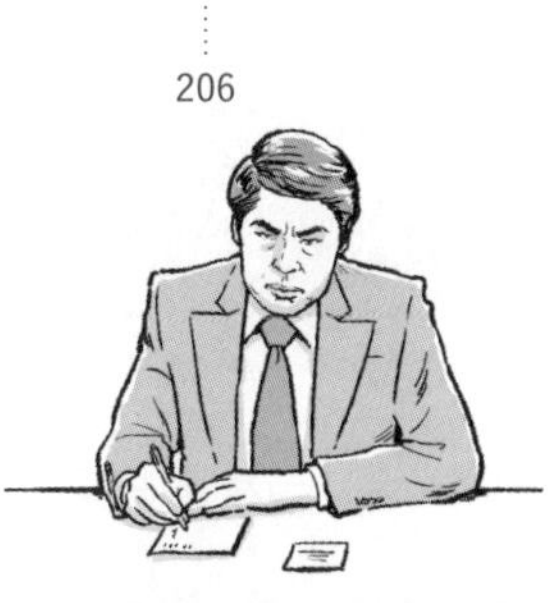

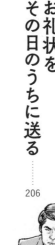

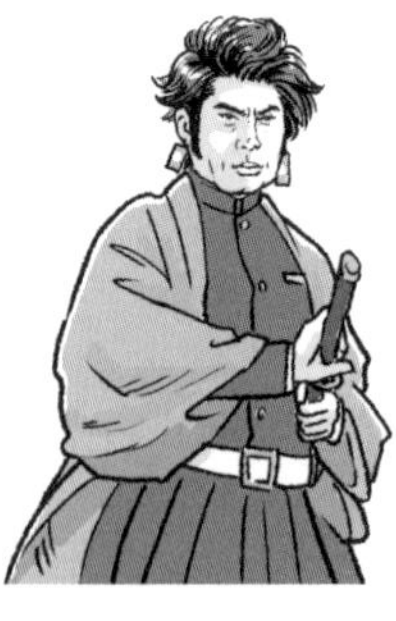

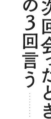

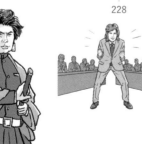

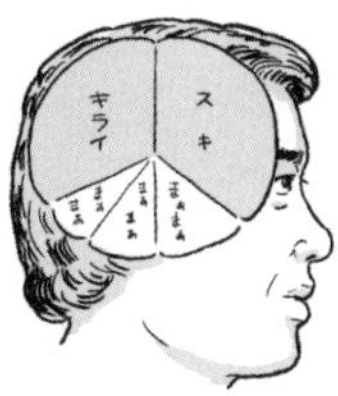
スキ
キライ

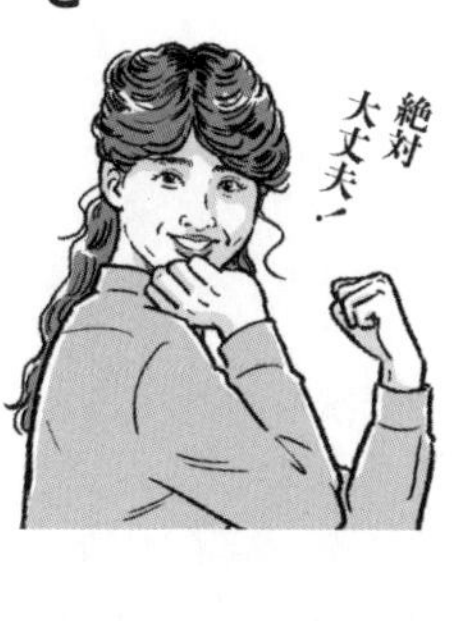
絶対大丈夫！

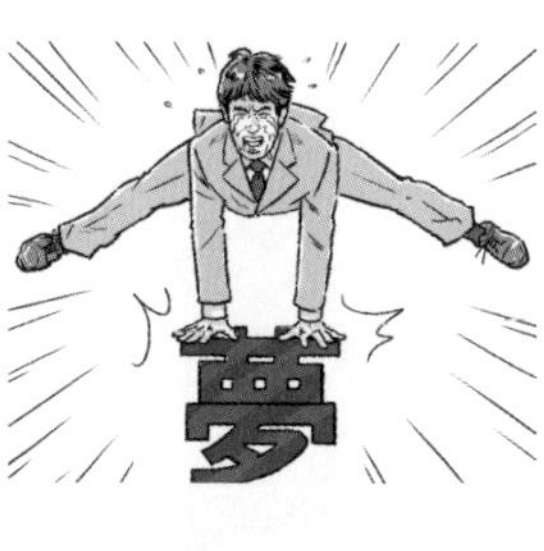
夢

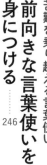

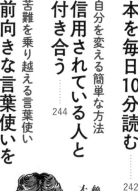

イラスト：千野エー
カバーデザイン：井上新八
本文デザイン・DTP：佐藤千恵
本文素材提供：Shutterstock.com/Modern Visual Agency, Mulki Ramadan, Baraka Kreatif Bersama

Chapter 1

基本の仕事術

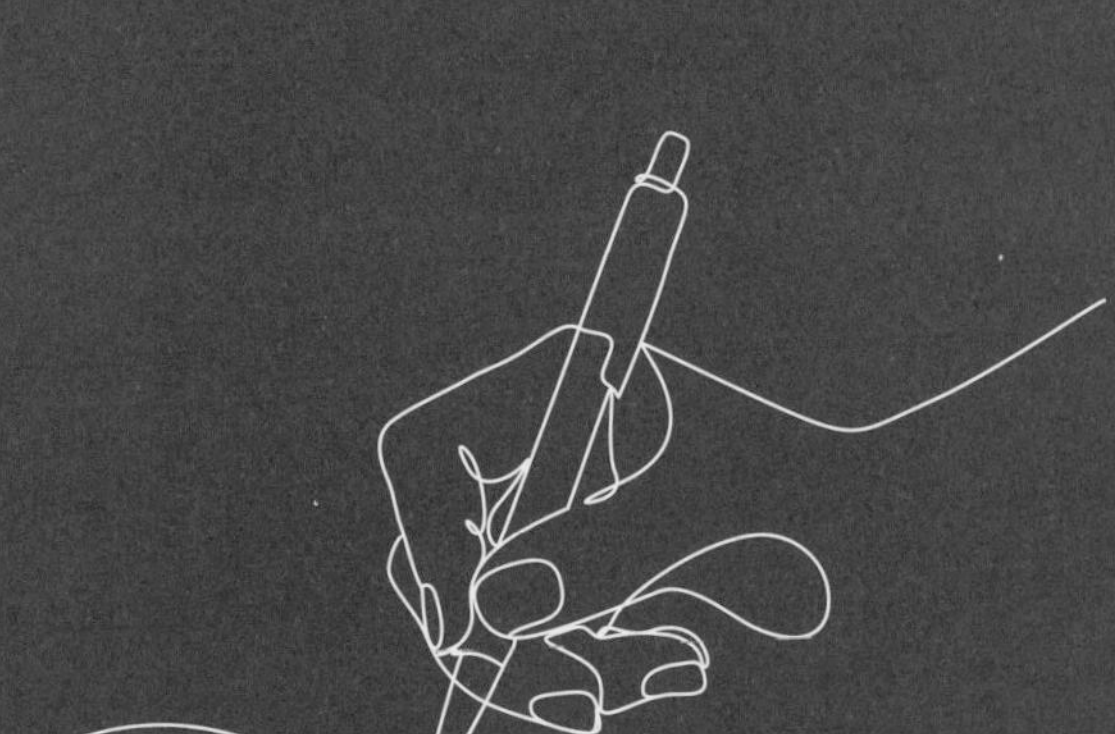

よい人間関係を作る方法

相手の気持ちを想像する

【やり方】

相手の気持ちを想像するために、主語を「自分」から「相手」に入れ替える。

【効果】

あなたの好意が相手に伝わり、人間関係が好転する。

相手の気持ちを想像すると人間関係が円滑になる

私はこれまで3、000名の成功したVIPと接し、普通の人との違いを研究してきました。**その発見のひとつに「自分の気持ちより相手の気持ちを優先する」ということがありました。**

ビジネスは自分ひとりではできません。だからこそ普段から周囲とよい関係を築くことが大切です。日常的に相手の気持ちを優先している人は、急なピンチのときに周囲が助けてくれ、困難を乗り越えることに成功しています。

でも相手の気持ちを考えるのは意外と難しいもの。なぜなら人は意識しないと、ついつい自分を主役として考えてしまう生き物だからです。だからこそ相手の気持ちを想像する工夫が必要です。**このとき使えるのが、主語を「自分」から「相手」に入れ替える方法です。**

×「自分はどうしたいか？」
↓◎「相手はどうしたいか？」
×「自分は何をすると心地よいのか？」
↓◎「相手は何をすると心地よいのか？」

このように主語を自分から相手に入れ替えて相手の気持ちを想像し、行動する。たったこれだけで、相手は「あなたと仕事をするのは楽しい・心地よい」と感じ始めてくれます。

人の好意は目に見えないですが、必ず伝わります。ほんの小さな好意の積み重ねが、気づけばとんでもなく大きな好印象に育っていくので、絶対にやってみてください。

理想を現実に変える方法

PDCAではなくDCPA

【やり方】
まず行動し、それから改善する。

【効果】
叶えたい夢に近づくことができる。

計画も大事だが、行動はもっと大事

目標を達成する方法としてPDCAが重要と言われています。Plan（計画）・Do（行動）・Check（検証）・Action（改善）を繰り返すことで成果を効果的に出す手法のことです。

たしかにこれを実践《じっせん》すればうまくいきそうですが、実は落とし穴があります。**それは、人は心理学でいうところの「先延ばし行動」を取りがちな生き物という点です。**

たとえば学生時代のテスト勉強。完璧な学習スケジュールを作ったにも関わらず、肝心の勉強に取り組まない。テスト間近になって「ちゃんと勉強しておけば……」と、後悔した人は案外多くいるものです。**そこでおすすめなのが、まずDo（行動）から始めることです。**

「思い立ったが吉日《きちじつ》」という言葉があるように、何かを始めようと思ったときは、すぐに行動に移した方がよい。そして、その行動でえた経験を活かして計画や検証、また改善をした方が、ビジネスも勉強も効率的に進み、周囲はもちろん自分の未来も変えることができます。

事前の計画作りはもちろん大切です。でも計画だけに固執し、肝心の行動がおろそかになっては、元も子もありません。頭でっかちになる前に、まず行動が重要なのです。

「世界を動かそうと思ったら、まず自分自身を動かせ」とソクラテス（古代ギリシャの哲学者）も言っています。小さな一歩は未来を変えるとても大きな進歩につながっているのです。

相手も自分も喜ぶ工夫

ひと手間を加える

【やり方】

「もっとよくなる工夫はないか」と考え、行動する。

【効果】

相手が喜び、自分も成長する。

ひと手間を加えると、相手が喜び、自分も成長する

「一方はこれで十分だと考えるが、もう一方はまだ足りないかもしれないと考える。そうしたいわば紙一枚の差が、大きな成果の違いを生む」と、現パナソニックホールディングスを一代で築き上げた松下幸之助さんは言いました。

もしあなたが成長したいと考えているなら、言われた通り・与えられた通りに仕事をするのではなく、**あなたなりに「足りないことはないか？」と考え、ひと手間を加えてみてください。**

例えるなら料理のひと手間。出来上がった料理にパセリや小ネギを散らすだけで、見た目が鮮やかになり、料理のグレードが上がりますよね。料理という本質は変わっていません。でも、もっと楽しく食べられる工夫はないかと考え、彩《いろど》りというひと手間を加えたことで、食べる人の気持ちを盛り上げ、より美味しくすることに成功しています。

日常の仕事も同じです。必ずひと手間を加える余地はあります。

仕事をディレクションし、常にひと手間の工夫を仕掛けてみましょう。「まだ足りないかもしれない」「何をすると喜ばれるのか？」などと考え、時には周囲に質問するくらいがちょうどよい仕事の仕方です。

受け身はたしかに楽ですが、ひと手間は相手に笑顔を与えるのはもちろん、それ以上に自分を成長させてくれますので、ぜひ取り組んでみてください。

仕事がはかどる人の工夫

「考えタイム」と「作業タイム」に分ける

【やり方】

「考える時間」と「作業する時間」に分け、ひとつのことに集中する。

【効果】

落ち着いて仕事に取り組め、結果、早く仕事が終わる。

仕事は分類してから取り組むと、結果、はかどる

あなたは複数の仕事を一度にこなせる人ですか？　それともひとつの仕事に集中しないと混乱する人ですか？

学術雑誌『Science《サイエンス》』のレポートによると、**「人間の脳が対応できるのは2つのタスク処理が限界である」とのこと。**

人間の能力的には、マルチタスクは気が散りやすく、かえって集中力が下がってしまい、結果、中途半端になるとのことです。

そこでおすすめなのが「考えタイム」と「作業タイム」を分ける方法です。

一見、仕事が遅くなるように思えますが、ひとつのことに集中することで、まさに「急がば回れ」のことわざ通り、早く目的を達成できるようになります。

考えタイムでは、とにかく集中できるように環境を整えましょう。スマホの電源を切る。会議室にこもる。在宅勤務なら好きなアロマを焚《た》いてリラックスするなどが有効です。

作業タイムでは、メールチェック10分、報告書作成30分、資料集め1時間などのように、TODOを書き出し、それに目標の完了時間を設定すると、より効果的に作業に取り組めます。

仕事を分けて取り組むと効率的になり、結果、あなたの時間が増えていきます。マルチタスクではえられない嬉しい効果が自分に還《かえ》ってきますので、やらないのは損ですよ。

逆境を乗り越える力が湧《わ》いてくる

くじけそうなときはライバルを思い出す

【やり方】

くじけそうなときは
「ライバルならどうするか？」と想像する。

【効果】

「もう一度、頑張ってみよう」
という気持ちが湧いてくる。

ライバルは気持ちを奮《ふる》い立たせてくれる

「初めて取り組む仕事」「自分ひとりで行うプレゼン」「山のように溜《た》まった業務」など、仕事を続けていると、誰でもくじけそうな場面に出くわすものです。そんなつらい状況のとき、あなたはどのようにしてピンチを乗り越えていますか？

私が出会った3、000名のＶＩＰは、ライバルを思い浮かべ、「○○ならどうするのか？」と想像し、「負けるもんか！」と気持ちを奮い立たせていました。

あなたの周りにも尊敬できたり、ちょっと気になったりするライバル的な人がいるはずです。くじけそうなときにそんなライバルが頑張っている姿を思い出すと、「あいつ（あの人）にできるなら自分もできる。だからもう一度頑張ろう！」という気持ちを取り戻すことができます。

ビジネスの経験は筋肉の発達と同じです。筋肉を鍛えるためには筋肉痛になるくらいの負荷が必要なように、ビジネスの経験も時には大変な仕事に取り組むことが必要です。

「**努力をしている人の側《そば》にいると、自然にいい影響が受けられる**」と、将棋棋士で国民栄誉賞を受賞した羽生善治《はぶよしはる》さんも言っています。

あなたは人生の主人公です。映画やマンガの主人公がライバルと切磋琢磨《せっさたくま》して自分を鍛《きた》えるように、あなたもライバルからよい刺激を受ければ、理想以上に成長することができます。

最短コースで成果を引き寄せる

キーマン・キーポイントなど「キー」を大切にする

【やり方】
キーとなるポイントを押さえる。

【効果】
最小・最短の努力で成果を獲得できる。

「キー」が仕事の成果を引き寄せる

小さな力で大きな力を生み出す「てこの原理」を覚えていますか？

小学校の理科で習ったこの原理をうまく使うためのポイントは、キーとなる支点選びにありました。

実はこの「てこの原理」と同じことがビジネスにも存在します。**それはキーマンやキーポイントなど「キー」と呼ばれる支点を押さえるということです。**

たとえば企画書作り。読み手が求めるキーポイントを押さえていなくては、いくら徹夜で頑張って仕上げてもまったく意味がありません。あるいはクライアントへのプレゼンテーション。参加者全員に平等にアピールするよりも、社長や部長など決定権を持つキーマンにアピールした方が好結果に結びつきます。

このようにビジネスにおいても、これが重要というキーが存在し、そのキーを押さえれば、まるで「てこの原理」のように、小さな力で思う以上の大きな成果を引き寄せることができます。逆にキーを押さえないと、ずれた人というマイナス評価になってしまいます。

「戦術とは、一点にすべての力をふるうことである」と、ナポレオンは言いました。

キーを見つけて、その一点に全力を注ぐ。これこそがビジネスの「てこの原理」です。

最小の力で、最大の効果をぜひ引き寄せてください。

成長も信頼も引き寄せる人の仕事の姿勢

「やってみます」と一旦、受け入れる

【やり方】

仕事を依頼されたときに、「やってみます」「はい、わかりました」と一旦、受け入れる。

【効果】

あなたの成長が促《うなが》され、また周囲からの信頼度もアップする。

未経験・苦手な仕事は前向きに取り組まないと損をする

「初めて企画書を作る」「初めて会議を仕切る」「初めて一人でクライアントを訪問する」など、不慣れなことを依頼されると、人は思わず尻込みし、逃げ出したくなるものです。**でもそんな未経験や苦手な仕事に出会ったら、まず一旦、受け入れてみましょう。**

なぜならあなたの周りの人たちは、あなたの能力や仕事ぶりを見ていないようで、実はよく観察しているからです。本当にできない人に「できない仕事」を振ることはありません。にも関わらず、逃げ出したり、嫌な顔をすると、周囲からの信頼を失うことになります。

だからこそ「やってみます」と、前向きに返答するのが正解です。失敗してもだいじょうぶ。仕事を依頼した人はその可能性まで、実は折り込み済みです。「たとえ失敗しても命を取られることはない」と考え、前向きに頑張れば成長と信頼の2つを獲得できます。

俳優・文筆家・画家などマルチな活躍で有名なリリー・フランキーさんは言いました。

「できないって言うのはもったいない。だから何でもやらせてくださいって言うんです」と。

成功したVIPの中には自分の幅を広げるため、未経験にも関わらず「それ、得意です！」と言って仕事を獲得してから、急いで勉強する人もいたくらいです。未経験や苦手分野こそ、あなたの成長の伸びしろです。前向きに取り組まないのは損以外の何物でもありません。

キャリアと信頼を獲得する人の作法

人が嫌がることに手をあげる

【やり方】
人が嫌がることに率先して手をあげる。

【効果】
自分のキャリアが育ち、
また周囲からの信頼もアップする。

人が嫌がる仕事は「夏休みの宿題」と同じ

休日返上の残業や飛び込み営業など、仕事の中には人が嫌がる仕事があるものです。

もしあなたの目の前にそんな嫌な仕事が転がっているなら、ぜひ率先して手を挙げ、取り組んでみてください。

なぜなら人が嫌がる仕事はメリットとデメリットで考えると、実はメリットだらけの仕事だからです。

たしかに引き受けた瞬間はつらくて嫌なことが続きます。隣の人は楽をしているのに、自分ばかり損していると思うこともあるでしょう。

私も早朝から深夜まで働いても終わらないプロジェクトに取り組んだときは、毎日逃げ出したいと考えていました。でもそんな嫌なことを乗り越えたあとには、どんな難問も楽々でクリアできる自分に成長できていました。

人が嫌がる仕事は夏休みの宿題と同じです。新学期（成長）を迎えるためにはいつか必ず取り組まなければならない。だったら少しでも早く取り組んだ方が、あとの人生が楽になります。

「明けない夜はない」とシェイクスピアも書いています。

つらい状況が永遠に続くことはありません。将来の自分を前向きに変えるために、人が嫌がる仕事に手をあげてみてください。

経験値が増すのはもちろん、周囲からの信頼も獲得できるのでやらない手はないと私は思います。

最高のスキルを手に入れる方法

信用は自分を削って作るもの

【やり方】
人に役立つことをコツコツと毎日続ける。

【効果】
周囲があなたの行動を見て信用を抱《いだ》くようになる。

信用とは誰でも手に入れられる最高のスキルである

「信無くば立たず」

中国の思想家・孔子が言ったように、信用されなければ何事もうまくいかず、成り立たないのが世の中の真理です。**信用とはある意味、最高のビジネススキルと言えます。**

デジタル大辞泉によると、信用とは「それまでの行為・業績などから、信頼できると判断すること。また、世間が与える、そのような評価」とのこと。つまり一夜にして簡単に勝ち取ることができず、コツコツと積み重ねる以外獲得できないスキルです。

でも逆に言えば、「約束を守る・まじめに働く・人のために頑張る・熱意を持つ」など、自分はもちろん、周りの人のことも考え、小さいけれど当たり前のことにひとつずつ取り組めば、誰でも獲得できるスキルです。

時には忙しく、怠《なま》けたくなる日もあるでしょう。でもそこが運命の分かれ道。**信用を築く人は自分を削ってでも、人のためにおもてなしの時間を作り出しています。**

「情けは人のためならず」と昔から言うように、人のために働けば、相手のためになるのはもちろん、やがてはよい報《むく》いとなって自分に戻ってくるのが信用です。

最高のスキルはコツコツ取り組めば誰でも手に入れられますので、ぜひゲットしてください。

誰も教えてくれない会社の常識

会社は「グループ」ではなく「チーム」である

【やり方】

チームとしての目的を達成できるように働く。

【効果】

職場の仲間として受け入れられ、ワンランク上の達成感が味わえる。

個人ではなく、集団の成功を目指すのが会社である

あなたは「ホペイロ」を知っていますか？

ポルトガル語で「用具係」を意味する言葉で、プロサッカーチームの裏方を担《にな》い、道具や用具の手入れ、遠征の荷物の準備などをサポートし、チームの勝利のためにバックヤードで戦う重要人物のことです。サッカーと言えばプレーする選手に注目が集まりますが、強豪チームにはホペイロがおり、このホペイロの姿勢や考え方は、会社でも求められています。

会社とは個人の集まりのグループに過ぎない。だから個人の成功が第一と思っている人がいますが、それは明らかな間違いです。会社は個人の成功を目指すグループではありません。**共通の目的を達成するために集まった戦うチームです。**

全員が点取り屋になる必要はありません。チームとしての勝利を目指しているため、助け合い、全員で結果を出せばＯＫ。そのためにお互いがフォローし合うという姿勢が重要です。このグループとチームの違いを理解していないと、痛い人と思われ、疎外されてしまいます。

「一人で見る夢はただの夢。誰かと見る夢は現実となる」とオノ・ヨーコさんは言いました。

個人でできることはたかがしれています。ホペイロのようにチームの一員として協力し合い、個人ではなしえないワンランク上の達成感をぜひ味わってみてください。

Chapter 2

不快にさせない仕事術

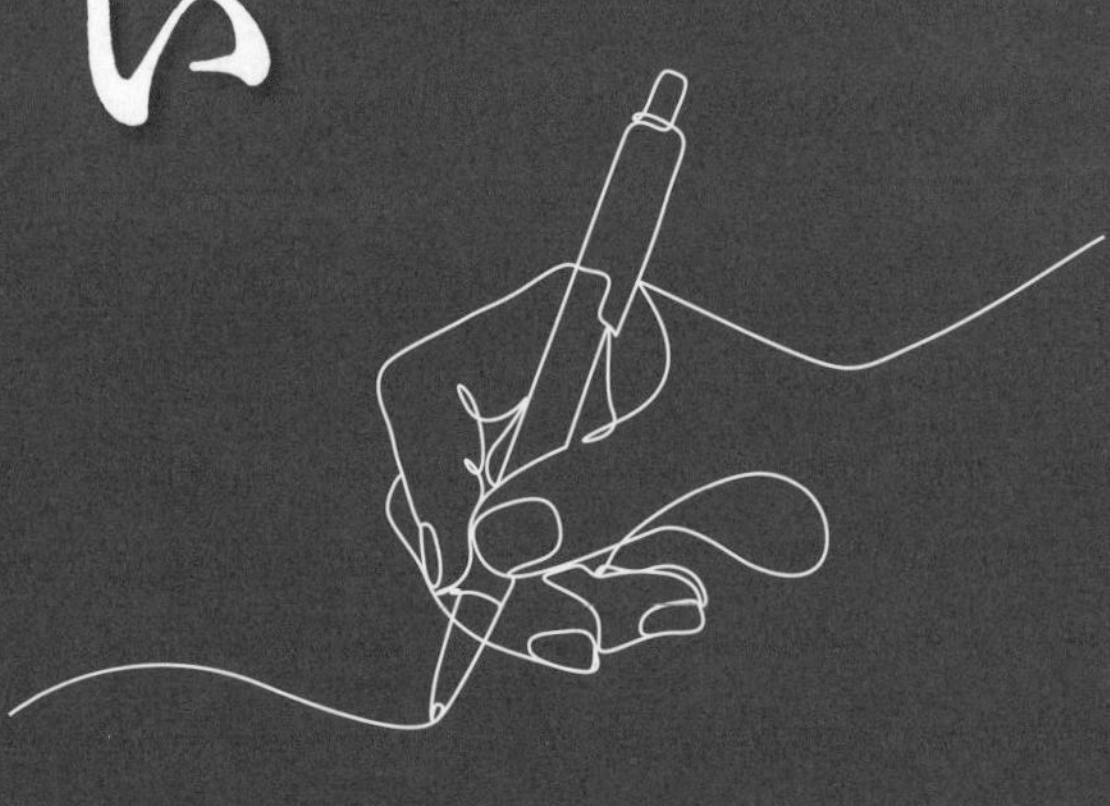

コミュニケーションの最強スキル

あいさつは自分からする

【やり方】

誰かを見かけたら、
自分からあいさつする。

【効果】

相手から好感を持たれ、
また自分も気持ちよくなる。

あいさつは古今東西共通の最強コミュニケーション

あなたはあいさつが得意ですか？

「相手と目が合ったタイミングであいさつしよう」と一般的には言われていますが、なかなか目が合わず、気づいていないフリの小芝居をしている人もいるかと思います。

またあいさつのタイミングがわからずまごまごしていたら、なんとなく無視した形に……。微妙な空気が流れ、お互い気まずい思いをして、あとで後悔する人は案外多いものです。

そんな気まずい思いをしないためにも**「自分からあいさつを仕掛けるルール」を設定するのが、「あいさつ賢者」の作法です。**

「少し離れていてもあいさつする」「後ろ姿を見かけただけでもあいさつする」など、自分からあいさつすることをルールにすれば、小芝居をする気まずさから即、解放されます。

「人に好感を持たれたければ、誰に対してもあいさつをすることだ。あいさつほど簡単で、たやすいコミュニケーション方法はない」と、デール・カーネギー（対人スキルのベストセラー作家）は言いました。

あいさつはコストゼロなのにリターンが何百倍も返ってくる古今東西共通の最強コミュニケーションです。周囲からの印象がよくなるのはもちろん、何よりも自分が気持ちよくなります。

イライラされない話し方

聞かれていることに「まず結論」で返す

【やり方】
結論から話すようにする。

【効果】
相手の貴重な時間を奪わずに済む。

結論から話さないとイライラされる

経団連の労働時間等実態調査によれば、長時間労働の是正《ぜせい》や有給休暇の取得促進などが功《こう》を奏《そう》し、年々、労働時間は減少傾向とのこと。一方、短くなった労働時間に反比例して、時間あたりの仕事内容の濃さが求められる時代になりました。

そんな濃縮の時代だからこそ、時間泥棒がビジネスにおいて最も嫌われるものの一つになっています。

「頼んだ企画書はできた？」と聞かれたとき、「実は急にお客さんに呼ばれて」なんて答えている人は損する人です。なぜなら相手が聞きたいのは、あなたの事情ではなく結論だからです。

「まだできていません。急にお客さんに呼ばれまして。ただし本日の18時までにできます」と、**結論→理由→事実という流れで話すのがイライラさせない人の工夫です。**

貴重な時間だからこそ、聞かれたことに対して「まず直球」で返さないと、時間を奪われたと不快に思われ、損する人間関係に陥《おちい》ります。逆に直球で返すだけで、仕事のしやすい人という印象を獲得することができます。

仕事の質問に言い訳は不要です。できる・できないの結論を答え、その上でどんな状態なのかを把握しやすいように整理して付け加えるのが、うまい報告の仕方です。

言い方ひとつで印象が天と地ほど変わりますので、まず結論から話すようにしてください。

不快に思われない人の工夫

相手が使う言葉に自分が使う言葉を合わせる

【やり方】
相手が使う言葉の言い方に自分も合わせる。

【効果】
不快を避《さ》けつつ、親近感を持ってもらえる。

マネは親近感を引き寄せる

「言っていることは同じなんだけど、何だかしっくりこない」という言い方があるものです。たとえば日常やビジネスシーンにおいてファミレスの注文で、「ご飯をください」→「ライスですね」

会議中に、「スピードが重要です」→「モメンタムに動きます」

などと言われると、うーんと思われたり、相手がちょっと疲れているときにはムカッとされる原因になります。

逆に自分が普段は使わない言葉でも、相手が使う言い方や同じ専門用語を使って話せば、違和感なくスッと受け入れられるものです。

心理学に「ミラーリング」（鏡〈ミラー〉のように相手のマネをして、相手に親近感を抱かせる）という手法があるくらい、人は自分との類似点に親近感を抱く生き物です。だからこそ相手が使う言葉に自分の言葉を合わせてみてください。

他にも「ゆっくり歩く人に歩幅を合わせる」「早口の人には早口で話す」なども効果的です。**ポイントは相手のペースやリズムを崩さないようにすることです。**

「学ぶ」の語源は「真似《まね》ぶ」と言われています。相手の言葉をマネすることは、あなたの学びにもつながります。

不快を避けつつ、学びと親近感をぜひ引き寄せてください。

怒りを買わないタイミング

相手の手が動いているときは話しかけない

【やり方】
相手の状況を見てから話しかける。

【効果】
報告や相談を受け入れてもらいやすくなる。

VIPも使っている話しかけの工夫

上司や先輩など、忙しそうに働いている人に報告や相談をするのはなかなか難しいものです。精神科医の樺沢紫苑さんによれば、「集中力は一旦途切れると、元に戻るまで15分かかる」とのこと。そこで私が出会ってきたVIPは3つの工夫で相手の不快を回避していました。

1つ目はタイミングの工夫です。パソコンを打っているときやペンを持って何かを書いているときは、間違いなく別件に集中しています。そんなときは話しかけず、相手が顔を上げる・トイレなどで席を立つなどの顔を上げるタイミングで話しかけていました。

2つ目は声がけの工夫です。相手は忙しい立場の方です。そのため「ちょっといいですか?」では何分かかるか想像できないため、「忙しい」と返される恐れがあります。そこで「3分いいですか?」など、時間を明示する言い方に変更し、話を受け入れやすくしていました。

3つ目はツールの工夫です。チャットやショートメールなど、相手のタイミングで確認できるツールを使い、「3分で済む相談があるのですが、お時間いかがでしょうか?」などと打診し、相手から声をかけてもらう手も使っていました。

「タイミングが悪いと怒られそう……」と尻込みしていては仕事が前に進みません。「好機逸《こうきいっ》すべからず」のことわざの通り、チャンスを見極めて行動するのが正解です。

外見で損しない人の工夫

服装は「好き」より「さわやかさ」で選ぶ

【やり方】
場に合った服装を選ぶ。

【効果】
一緒にいる人に恥をかかせない・違和感を与えない。

不快を買わないポイントは「さわやかさ」

「おしゃれでしょ」

クライアントに訪問するときに、サングラスをかけた新入社員に自慢されたことがありました。

人の価値は中身で決まると言われますが、そうは言っても見た目などの外見は重要です。

特に初対面など、あなたの人柄を理解していない人に会うときは、自分の好みではなくTPOや相手の常識を想像して、それに合わせた見た目にしないと不快に思われ、損をします。

ポイントは「さわやかさ」。あなたが好き・おしゃれと思う外見ではなく、場面に合った攻めすぎない選択が外見の正解となります。

- シャツやトップスを「白色」にする（表情が明るく見える）
- 自分の体の大きさに合った服を着る（ぶかぶかはNG）
- 指先・つま先など、細かいけれど目に付く点を整え、磨く
- アクセサリーや時計、香水など目立ちすぎるものは避《さ》ける（サングラスは論外）

など、相手がさわやか・嫌じゃないと思う清潔感を意識してください。

「馬子《まご》にも衣裳」ということわざがあるように、人は外見で判断しがちな生き物です。

見た目の違和感は、さわやかさを意識すれば誰でも回避できるのでやらない手はありません。

自動的に丁寧なあいさつになる方法

「自分のつむじ」を相手に見せるようにお辞儀する

【やり方】

お辞儀する際は自分のつむじを相手に見せる。

【効果】

「丁寧なあいさつをされた」という印象を相手が感じる。

つむじは「好印象・悪印象」の分岐点《ぶんきてん》

「売れるタレントのあいさつは誰にでも丁寧、消えるタレントのあいさつはぞんざい」

30年の広告業務を通じて私が発見した「売れるタレント・消えるタレント」の結論です。

売れていくタレントはどんな人にも低姿勢。分《わ》け隔《へだ》てなくあいさつし、一番下のアシスタントディレクターにも丁寧にお辞儀をします。一方、消えるタレントのあいさつは本当にぞんざい。偉い人だけにあいさつしてあとは知らんぷりがほとんどです。結果、失礼な人と思われたタレントは嫌われ、自然と仕事が減っていく実例を何十人と見てきました。

ただこれはタレントだけの話ではありません。自分はあいさつしたつもりでも相手にきちんと認識してもらえず、失礼な人と誤解される罠は私たちの日常にも潜《ひそ》んでいます。事実、就職活動で「お辞儀は30度の角度で」「1で深く曲げ、2で止め、3・4で戻す」などと教わりましたが、30度や深いお辞儀が客観的にわからず、誤解を受けている人は多々います。

そこでおすすめなのが「自分のつむじ」を相手に見せる方法です。つむじは頭の頂点のやや後方にありますので、これを相手に見せるだけで自動的に深々としたあいさつになります。

人は、自分を軽く扱う人を不快に思い、逆に持ち上げてくれる人に好感を持つ生き物です。「好印象と悪印象」の分岐点はつむじにあります。ぜひつむじであいさつしてみてください。

無意識の騒音で嫌われないための工夫

動きの基本は茶人か忍者

【やり方】

茶人か忍者になったつもりで静かに行動する。

【効果】

不必要に嫌われることがなくなる。

騒音は悪運を引き寄せる

「カタカタ、パッシーン！」

パソコンのエンターキーやスペースキーを大きな音を立ててタイピングする人。ぶつぶつ独り言を話しながら仕事をする人。ドアの開閉音や椅子に座る際の音がいちいち大きい人など、騒音を出している人は自分が大きな音を出していることにとても鈍感です。

ご近所トラブルのひとつに騒音問題があるように、会社における騒音も人の不快を買う原因になります。

必ずしも毎日出社する必要がない時代だからこそ、貴重な出社しての仕事の際に騒音を立てて、イメージを下げるのは大きなマイナスになります。

そこで役立つのが、まるで茶人か忍者になったかのように静かに動く振る舞いです。この行為により、周りの集中の邪魔を防ぐことができ、またマナーのない人・機嫌が悪い人という誤解を受けなくなります。

千利休は、「茶は服のよきように点《た》て、炭は湯の沸くように置き、花は野にあるように、夏は涼しく、冬は温かに、刻限は早めに、降らずとも傘の用意、相客《あいきゃく》に心せよ」と言いました。

何事もごく当たり前のことをまごころ込めて心配りすることが大切です。

大きな音を立てる茶人や忍者はおりません。騒音で悪運を引き寄せないように気をつけてください。

不必要に評判を落とさないために

電話は不通音を確認してから切る

【やり方】

相手が電話を切ったのを確認してから自分の電話を切る。

【効果】

気づかないうちに相手に嫌われることを回避できる。

電話は赤ちゃんと思って優しく接する

「やたらと電話を切るのが遅い」

これが特に周囲からの評判がよいＶＩＰの電話の特徴です。

通常は「失礼します」と言ったあとに電話を切ります。しかし評判がよいＶＩＰは、相手が電話を切ったあとの「ツーツー音やポコリン音」などの不通音が聞こえたのを確認してから、電話を切っていました。

これにより相手が別件を急に話し始めたのを遮《さえぎ》る事故や固定電話の受話器をガチャンと鳴らす騒音を聞かせる失礼を回避していたのです。

電話対応は相手には見えないもの。でも見えない心くばりの微差はなぜか相手に伝わります。またそんな工夫を仕掛けているあなたを職場の仲間たちは１００％観察しています。

「相手が切るまで耳を離さない」「固定電話を切る際はフックを押してから受話部（耳につけて話を聞く部分）から静かに置く」など、**電話はまるで赤ちゃんのやわらかい頬《ほお》をつんつんするくらいの優しいイメージで接するのが電話対応の正解です。**

過去に電話で失敗したことのあるＶＩＰは、デスクに鏡を置いて表情を確認したり、自分の心が和むように小さい観葉植物を置いて、優しく接する工夫もしていました。

ちょっとした電話対応で印象が１８０度変わるので、失敗しないように注意してください。

誤解を防ぎ、幸せを招く方法

笑顔と上機嫌を訓練しておく

【やり方】

日頃から笑顔と上機嫌を訓練しておく。

【効果】

不機嫌と誤解されなくなり、かつ自分も楽しくなれる。

笑顔と上機嫌は一石二鳥の効果がある

「ぶすっとしている」「怒っている」「機嫌が悪そう」……。

自分は普通にしているのに周りから誤解されるもののひとつに表情があります。ビジネスはもちろん日常生活全般において、誤解は損以外の何ものでもありません。

そこでおすすめなのが「笑顔と上機嫌を訓練しておくこと」です。ポイントは3つあります。

1つ目は、目元。可愛い小動物を見るような優しい目線を意識してみましょう。

2つ目は、口元。微笑《ほほえ》みを感じる口角の上げ方を、鏡を見ながら練習するのがオススメです。

3つ目は、感謝の言葉を上機嫌に言うことです。「ありがとう」などのお礼の言葉を、何かしてもらった3秒以内に返せると上機嫌さを演出できます。

でも「そもそも楽しくないのに笑顔なんかしたくない」ですって？

だいじょうぶです。研究によれば作り笑いであっても幸せホルモンと呼ばれる「セロトニン」が分泌《ぶんぴつ》されるとのこと。**つまり笑顔や上機嫌の訓練は、相手の不快を避けるのはもちろん、あなた自身にもお得なことが起こる一石二鳥の効果があるのです。**

「笑う門《かど》には福《ふく》来たる」と昔から言うように、あなたの笑顔は相手にも伝染し、周囲みんなが明るくなります。笑顔で損することはありませんので、やらなきゃ損と言えるでしょう。

不義理と思われない人の作法

人にしてもらった親切を覚えておく

【やり方】
いただいた親切を覚えておく。

【効果】
きちんとした人・義理堅い人という印象を獲得できる。

恩の循環が幸せを招く

「仕事を手伝ってあげたのに、自分一人で頑張りましたと上司に報告された」

「いつも甘えてくるのに、こちらが困ったときは助けてくれない」

人が何かをしてくれるのを当たり前と思い、自分中心で考える人がいます。そんな人は不義理な人と周囲に思われ、本人が気づかないうちに嫌われていきます。

逆にいただいた親切をきちんと覚えておき、感謝の気持ちをお返しする人は信用をえることができます。

「報恩《ほうおん》」という仏教用語があるように、恩に感謝し、それに報《むく》いる恩の循環は、あなたはもちろん周囲も幸せにしてくれます。

そのことを知っているＶＩＰは、

「親切をいただいたら、それを忘れないようにノートにメモ書きする」

「『○○してくれてありがとうございます』と親切を具体化してお礼を言う」

などの恩を忘れない・お返しする行為を意識的に行い、みんなでほっこりしています。

あなたの誕生日を覚えている人に親近感を抱いたり、親の命日にひと言声をかけてくれる人に有《あ》り難《がた》さを感じるのが、人の心と言うものです。

いただいた親切は忘れると損しかありませんが、覚えてお返しすると得ばかりが返ってくる魔法のような効果があります。

Chapter 3

メール・SNS・リモート会議の仕事術

メール・SNSの丁寧な終わり方

メールやSNSのラリーは自分で終える

【やり方】

メールやSNSのラリーは自分で終える。

【効果】

相手から丁寧と思われ、また終わり時で悩むことがなくなる。

返信は
どうぞお気遣いなく
お願いいたします
バシッ

丁寧さを獲得し、無駄も排除できる作法

あなたはクライアントからのメールをスルーして失敗したり、どのタイミングで終わるのかがわからず無駄な時間に悩んだことはありませんか？

3、000名のVIPを観察して発見したことのひとつに、「**メールやSNSの終わり方がうまい**」**というものがありました。**

「メールと思うから難しくなる。手紙に置き換えて考えるとわかりやすい」と、あるVIPは言いました。

手紙は近況報告やお礼など、何かの目的のために自分が送るもの。当然、その目的が達成できればやりとりは終わります。この考えに則《のっと》り、「メールやSNSのラリーは自分で終える」というルールを作れば、やりとりがシンプルになり、かつ相手から丁寧と思われます。

やりとりのパターンは2つしかありません。

①自分が送る→相手が返す→自分で終わる
②相手が送る→自分で終わる
※お礼が帰ってきてもお礼にお礼は返す必要はない

このシンプルなルールを徹底し、メールやSNSの終わりは「自分」と決めてください。

「終わりよければすべてよし」と言われるように連絡も最後の印象が大切です。

返信を自分で終えるだけで丁寧と思われ、無駄な時間もなくなるので一石二鳥の効果があります。

相手想いの反応スピード

メール・SNSは最低2時間以内に反応する

【やり方】
メール・SNSは2時間以内に反応する。

【効果】
相手のやきもきした気持ちがなくなり、コミュニケーション上手と思われる。

人気の秘訣は素早い「やまびこ」にあり

『AI分析でわかったトップ5%社員の習慣』（越川慎司著、ディスカヴァー・トゥエンティワン）によれば、**トップ社員のメールの返信は15分以内であるとのこと。**コロナ禍によるデジタルの進化もあり、「メールの返信は24時間以内」というビジネスマナーは死語になりました。

ハイブリッドな働き方が主流の今は、物理的に外出したり、リアルな来客対応でパソコンから離れる時間が減ったため、素早く反応しないと失礼な時代に変化しています。

仕事を翌日に持ち越したいと思って、メールやSNSをしている人はおりません。返信の遅さは相手のストレスそのものです。そのため返信の素早さが「相手想いのおもてなし」となっています。

事実、返信が早いというだけでお客様からの指名が増える営業パーソンもいます。

「メール・SNSは2時間以内に反応する」「1時間に5分間の返信タイムを作る」「すぐに返せない内容は『○日の×時までに返信します』と状況報告する」などを行えば、あなたに頼りたいと思う人が自然と増えていきます。

返信は「ハイキングのやまびこ」と同じです。あなたの「ヤッホー」という声に素早くやまびこが返ってくる山には何度も行きたいですが、無反応の山には二度と行きたくないですよね。メールもSNSも気持ちのよいタイミングのやまびこが人気の秘訣なのです。

わかりやすいメールを短い時間で書く方法

迷ったらとりあえず箇《か》条《じょう》書《が》きする

【やり方】
要点を箇条書きで書く。

【効果】
短時間で読みやすいメールが書ける。

箇条書きとは「見える化」である

上司や取引先にメールを送る際、文面で悩んだことはないですか？　丁寧な文章を書かないといけないと思うほど、時間がかかる人は多いものです。

そこでおすすめなのが箇条書きです。

ビジネスの伝達に必要なのは、うまい文章ではなく一目《ひとめ》で内容が伝わる文章です。

たとえば会議についてのメールであれば、

「会議のお知らせです。○月×日の△時に第一会議室で行います。議題はコスト削減についてです。参加メンバーはA部長とプロジェクトメンバーとなります。よろしくお願いします。」

と書くよりも、

「会議のお知らせです。
- 開催日時：○月×日△時　@第一会議室
- 議題：コスト削減対策
- 参加メンバー：A部長＋プロジェクトメンバー

以上、よろしくお願いします。」

というように箇条書きした方がわかりやすく、また書き方に悩む時間も短縮できます。

トヨタ自動車は問題が一目でわかる「見える化」で、世界企業になることができました。

あなたも箇条書きを使えば、見える化に成功でき、わかりやすいメールが書けるようになりますよ。

議論を前に進めるために

仮の話・仮の予定などの「仮」を提案する

【やり方】
決まらないときは「仮」を提案する。

【効果】
議論が前に進み、無駄な時間がなくなる。

仮提案はビジネスのおもてなし

「アポを確定したいけれど、相手の予定がまだ見えない……」

「話を進めたいのに、お互いの主張が平行線のまま……」

何度も話しているのに、いつまでも結論が決まらないときってありますよね。強引に説き伏せることもできますが、今後の関係を考えると摩擦《まさつ》はなるべく起こしたくないものです。

そんなときに使えるのが、「仮」を提案するという方法です。

たとえばアポが取れないときは、「仮でよいので来週の水曜日でいかがでしょうか？」と打診する。何かを決める場合は「仮採用ということにして、不具合が出たときに再検討でいかがでしょうか？」などのように、「仮」を提案するイメージです。

ビジネスは白か黒だけでなく、グレーも存在しています。

暫定《ざんてい》政権が長期政権になることがあるように、「仮ならばいいよ」とOKしてくれ、案外、仮で決めたことが後々、正式に採用されることもあるくらいです。

「**決断しないことは、時として間違った行動よりたちが悪い**」とヘンリー・フォードは言いました。相手も決断しやすく、自分にもメリットがある仮提案は、まさにビジネスの裏テクニック。メールのラリーでラチがあかない場合は、仮の提案を意識的に仕掛けてみましょう。

見えない笑顔を伝える方法

「嬉しい」「助かる」「大感謝」を使う

【やり方】
お礼言葉を感情豊かなものに変換する。

【効果】
儀礼的でない気持ちが相手に伝わる。

メールなのに笑顔を見せられる方法

「言い方ひとつで印象が変わる」と昔から言われるように、あいさつはもちろん、お礼や謝罪・ほめ言葉など、言葉の選び方ひとつで人間関係は天と地ほど変わります。

たとえば何かをもらったり、助けてもらったときは、お礼メールをするものですが、その際に「ありがとう」とメールするだけではもったいない。

3、000名のVIPは儀礼的ではなく、もっと気持ちが伝わる方法はないかと考え、見えない笑顔を見せるくらいの言葉を使い、気持ちや感情を表現していました。

×「(何かをくれたので) ありがとう」
↓◎「とても嬉しかったです」
×「(助けてくれて) ありがとう」
↓◎「本当に助かりました」
×「(とても嬉しい) ありがとう」
↓◎「大感謝です!」

いかがですか?

同じお礼の言葉なのに感情をアピールする言葉に変えるだけで、あなたの笑顔が演出でき、受け手も嬉しくなるものです。

「生まれ変わる必要はない。感情の使い方を変えればいい」と、心理学者のアルフレッド・アドラーは言いました。

メールであっても感情の言葉の使い方で笑顔は演出できます。笑顔は人間関係を好転させますので、ぜひ積極的に使ってみてください。

熱のある会議を行うために

リモート会議こそ、身振り手振りを大きくする

【やり方】
いつも以上に大きくアクションする。

【効果】
あなたの熱量が相手に伝わり、充実した会議が行える。

リモート会議の成否は画角の印象で9割決まる

「きちんと伝わっているかわからない……」

リモート会議は便利なものですが、やたらと参加人数が多かったり、カメラをオフにしたりする人も多く、リアルの会議に比べ相手の熱量が把握しにくいというデメリットがあります。

そこでおすすめなのが、リモート会議こそ、身振り・手振りを大きくするという方法です。

- モニターの画角いっぱいに大きく手を振りながら話す
- 相づちをリアルの2倍以上の大きな身振りで行う
- 専用の照明を取り付けて、相手が見やすい明るさにする
- クリアな音声になるマイクで話す

『人は見た目が9割』(竹内一郎著、新潮新書)というミリオンセラーの本があるように、パッと見の印象の悪さは大けがの原因になります。

そのためリモート会議を有効活用している人はカメラをオフにせず、相手目線の大きなアクションを仕掛けています。

あなたが大きくアクションし画角全体でアピールすれば、相手もお互い様の精神で前向きに会議に取り組んでくれます。

リモート会議の成否は画角の印象で9割決まります。あなたの熱意がきちんと伝わり、充実した会議になるのでやらない手はないと私は思います。

きちんと会議に出席してもらう工夫

リモート会議の冒頭は「相手のメリット」から話す

【やり方】
会議の冒頭に相手のメリットを話す。

【効果】
リモート会議にきちんと出席してもらえる。

リモート会議は内職する前提で対応すべき

「リモート会議は内職の温床《おんしょう》。話をきちんと聞いているとは限らない」

ファシリテーション上手のコンサルタントが教えてくれた言葉です。

彼女曰《いわ》く、リモート会議は相手から見えないためマルチタスクを行う人が多数存在しています。人によってはパソコン以外にもスマホで別の会議に入り、同時に2つの会議に出席する猛者《もさ》もいるとのこと。あなた自身もなるほどと思うふしがあると思います。そこでおすすめしたいのが「リモート会議の冒頭は相手のメリットから話す」という方法です。

人は損を嫌う習性を持っています。だからこそ冒頭で自分のメリットの話をされると、聞き逃せないと思い、きちんと会議に出席してくれるようになります。

やり方は簡単。会議の冒頭で「この会議のゴールは○○を決めることです」と宣言するだけ。○○には、売上会議であれば「予算達成の糸口」、企画会議であれば「プレゼンに勝つ方策」などの相手のメリットになる文言を入れてください。

メリットから話すことで参加者の意識が活発化し、損をしないためにきちんと会議に出席してくれるようになります。

「花より団子」ということわざがあるように、リモート会議は形式よりも、メリットという実利から入るのが正解なのです。

コミュニケーションの質を高めるために

オンラインこそ、「〇〇さんはどう思いますか？」などのように1対1で話す

【やり方】
大人数の会議でも1対1で話しかける。

【効果】
コミュニケーションの質が高まる。

1対1で話しかけるとコミュニケーションの質が上がる

「74・2%がコミュニケーションの質が低下した」と回答。

一般社団法人オンラインコミュニケーション協会の調査によると約4人に3人が、オンライン会議は対面会議に比べて質の低いコミュニケーションになったと感じているとのことです。

「参加人数が多すぎる会議」や「いつも同じ人が発言している会議」は、昔から無駄と言われてきましたが、今はそれに加えてカメラオフ&マイクミュートの透明人間参加という新しい形も生まれ、ますます質が低い会議が増えているようです。

そこで使いたいのが「1対1」で話すという方法です。

「○○さん、いかがでしょうか?」「××さん、何か意見や質問はありませんか?」というように特定の誰かに関心を持って問いかけてみてください。たったこれだけで聞きたい人の発言を引き出すことができ、また内職していた透明人間も慌ててきちんと会議に出席し始めます。

もし意見を求めるのが難しそうであれば、「○○さん、私の音声、だいじょうぶですか?」「××さん、私のパソコンの調子が悪いようなのでもう一度お願いします」などでもOKです。

「無関心とは精神の麻痺であり死の先取りである」と劇作家のアントン・チェーホフは言いました。会議の無関心も死(失敗)の始まりです。ぜひ1対1で話しかけ、関心を示してください。

うまいタイミングで発言できるようになる方法

発言のチャンスは相手が息を吸うタイミングにあり

【やり方】
相手が息を吸うタイミングで話す。

【効果】
タイミングよく発言できるようになる。

息を吸うときは誰でも無言

「発言したいけれど、タイミングがわからない」

リモート会議の難しさはタイミングにも潜《ひそ》んでいます。

発言しようとしたら部長の発言と被《かぶ》った。クライアントの長話を止められず、無駄な時間を過ごしたなんて苦い経験は誰にでもあるものです。**そこで使えるのが「相手が息を吸うタイミングで発言する」という方法です。**

どんなにすごい肺活量の持ち主でも必ず息を吸います。そしてその瞬間は100％無言になる。その無言の隙《すき》をつけば、自動的にタイミングのよい発言となります。

「間《ま》がいい」「テンポがいい」という言葉があるように、発言における間やテンポは、まさに息継ぎの間に潜んでいます。

さらにこの間に加えて、**話はじめのひと言として「ちょっといいですか？」「話してもだいじょうぶですか？」などを添えると、より丁寧な発言になります。**

でもカメラオフの人だったら息継ぎのタイミングがわかりづらいですって。だいじょうぶです。そんなときはあなたがカメラをONにして手をあげたり、会議の発言ボタンを押してみましょう。司会役が切りのよいタイミングで話せるように調整してくれます。

参加者がきちんと発言しない会議は意味がありません。タイミングよく発言し、ぜひ活発な議論を行っていきましょう。

会議で決めたことを台無しにしないために

議事録作りで参加者に貢献する

【やり方】

議事録を率先《そっせん》して作る。

【効果】

参加者全員のリマインドに役立ち、喜ばれる。

議事録は一石二鳥の効果がある

「人の記憶は時間が経つほど曖昧《あいまい》になり、1日後には74％の記憶を忘れる」

心理学者のエビングハウスの忘却曲線を用いて日本経営心理士協会が解説した情報です。

「昨日のお昼ご飯が思い出せない」「人の名前をすぐ忘れる」など、たしかに記憶は移ろいやすいものですよね。もちろん会議で決めた内容も例外ではありません。特にリモート会議は休憩なしで連続することも多く、対面の会議以上に内容を忘れやすくなっています。

そこでおすすめなのが「議事録を率先して作る」という行動です。これにより自分自身の記憶の定着はもちろん、会議参加者の内容忘れによるミスを防ぐことができます。

議事録と言っても、一字一句、すべてを書く必要はありません。目的は決定事項の共有です。

①「日付・時間・場所」、②「参加者の名前」、③「議題やアジェンダの記述」、④「決定事項の記述」、⑤「次のアクションと今後のスケジュール」の5つをまとめるだけでOKです。

この簡単さを知っている議事録上級者になると、議事録の中に自分の意見を忍ばせ、今後の流れを誘導する人もいます。

万物の天才と言われたレオナルド・ダ・ヴィンチはメモ魔だったそうです。

議事録作りは参加者に喜ばれ、自分にもメリットがある一石二鳥のメモなので、ぜひ取り組んでみてください。

Chapter 4

会話の仕事術

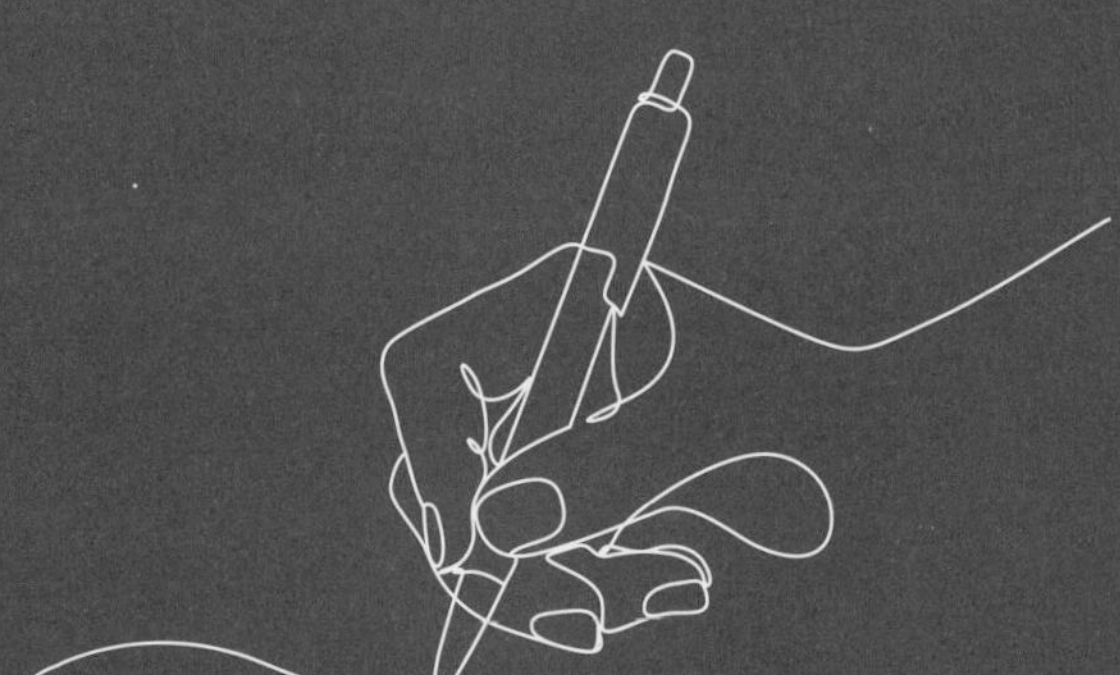

親近感を簡単にえられる方法

あいさつに相手の名前を添える

【やり方】
名前を添えながら声をかける。

【効果】
相手があなたに親近感を抱《いだ》く。

名前は世界で一番大切なアイデンティティ

「おはよう」VS「○○さん、おはよう」

同じあいさつなのに、なぜか後者の方が声をかけられた人の印象がよくなります。

「ビューティフル・ネーム」というヒット曲があったように、人は必ず自分だけの名前を持っています。まさに名前とは世界で一番大切なアイデンティティ。そのアイデンティティを大切に扱えば、相手もあなたに対して敬意や好印象を持つようになります。

この名前の効果を熟知していたのが、人たらしで有名な元総理大臣の田中角栄氏。彼は寝る間を惜しんで名前を覚え、できる限りフルネームで呼ぶことを心がけていたそうです。

しかし記憶力抜群の角栄氏でも名前を忘れることはありました。そんなときは「君、名前は？」と素直に聞いたそうです。で、相手が「鈴木です」というように答えたら、「バカモン！それは知っとる。下の方の名前だ」と言って、まんまとフルネームを聞き出したとのこと。これにより名前も思い出せ、また相手からの親近感も獲得していたそうです。

さすがに全員のフルネームを覚えるのはハードルが高いですが、あいさつに名字を添えるくらいであれば、すぐにでもマネできると思います。

名前を足すのは一秒もあれば十分。でもそのたった一秒で人間関係がポジティブになるのですから、やらない手はないと思います。

聞き上手のうなずき

うなずきを「大波小波」で見える化する

【やり方】
うなずきにリズムを付ける。

【効果】
きちんと話を聞いていると思われる。

聞き上手はうなずきを見える化する

普通では知りえないウラ話を、なぜか知っている人がいるものです。そんな情報通のＶＩＰに秘密情報を聞き出す極意を質問したことがあります。

彼曰《いわ》く、人は自分の話をきちんと聞いてくれないと感じると口が重たくなる。逆にこの人はしっかり聞いてくれていると感じると親しみが湧《わ》き、おのずと口が軽くなるとのこと。**その分《ぶん》岐点《きてん》は「うなずきの仕方」にあるとのことでした。**

あなたのうなずきは、話し手に「きちんと話を聞いている」と感じてもらえるものになっていますか？　もし自信がないというなら「うなずきの大波小波」を使ってみてください。

やり方は簡単。相手の話を聞きながら、「うん、うん」と小さいうなずき（＝小波）を２回ほど入れ、その後、「なるほど！」と大きなうなずき（＝大波）を１回入れるだけ。

うなずきで高低差をつければ、きちんと話を聞いていることを見える化できます。またノートにメモを取りながら大波の際に大きく○を描けば、「あなたの話は大切だから印をつけましたよ」という動作でアピールすることもできます。

「聞き上手はひとつの技能である」と古代ギリシャの哲学者エピクテトスは言いました。ぜひうなずきの大波小波を仕掛けてください。たったこれだけで聞き上手に変身できますよ。

嘘っぽくないほめ言葉

ほめ言葉の3S（すごい・さすが・素晴らしい）を使う

【やり方】

「すごい・さすが・素晴らしい」のほめ言葉の3Sを使う。

【効果】

心からほめられたと思ってもらえる。

言葉の選択で印象は180度変わる

「なんか嘘っぽい……」

相手の機嫌を取るために「いいですね～」なんて口先だけでほめている人がいますが、心がこもっていないほめ言葉は、かえって相手の印象を悪くします。

きちんとほめるためには「心で感じたことを最適な言い方に変換する技術」が必要です。

3,000名のVIPはそのことを知っており、相手が求めているリアクションに最適なほめ言葉を使っていました。**よく使う言葉はどれもSから始まる3Sのほめ言葉です。**

①「すごい」：ざっくりとすごいと言うのはNGです。「○○ができるなんてすごい」などのように具体的にすごいと言うのが正解です。

②「さすが」：1対1の場面でも使えますが、大勢がいる人前で「さすがですね」と言ったり、「○○さんもさすがと言っていた」などの第三者の情報として使うとより効果的です。

③「素晴らしい」：そのままでも効果的ですが、「視点が違いますね」「○%も改善するなんて（数字を添える）」などを、素晴らしいに付け足すのがおすすめです。

「人は誰でもほめられることが好きなものだ」とエイブラハム・リンカーンは言いました。ぜひほめ言葉の3Sを使ってみてください。言い方ひとつで印象は180度変わっていきます。

相手が納得する断り方

断るときは大義名分《たいぎめいぶん》を添える

【やり方】

大義名分を添えて断る。

【効果】

「それならば仕方がない」

と相手が思ってくれる。

角《かど》が立たない断り方とは？

「断ると角が立つから何だか苦手……」。そんな心配をする人がいますが、言い方ひとつで相手の印象は大きく変わります。最もまずいのは、自分の都合だけで「できません」と言う断り方。相手の気持ちを考えていないため、今後の関係が気まずくなります。

そこでおすすめなのができない理由の「大義《たいぎ》名分《めいぶん》を添える」という断り方です。

大義名分とは「人として、また臣《しん》として守るべき道義と節度」（デジタル大辞泉）のことで、これを断る文言に添えるだけで、よほど偏屈《へんくつ》な人でない限り、相手は納得してくれます。ポイントは自分ではなく大義名分があるからできない・心苦しいという言い方をすること。

代表的な例は次のようになります。

● しつこい相手に：×「本当にできません」→◎「会社の規定でできません」

● 外せない予定がある場合：×「都合が合いません」→◎「数週間前から予定が入っていて」

● 提示された金額が合わない：×「高すぎます」→◎「会社の予算に合わなくて」

● 行きたくないお誘い：×「ごめんなさい」→◎「体調を崩していて」

より丁寧なのは、「心苦しい思い」＋「大義名分（できない理由）」＋「代替案」をセットに話す方法です。

断り方にもうまい言い方がありますので、ぜひ活用してください。

たった一文字で人間関係を好転させる言葉

日本語最強の1文字「も」を使う

【やり方】

「も」を使って会話する。

【効果】

相手のことを気にかけているという姿勢が伝わり、人間関係が好転する。

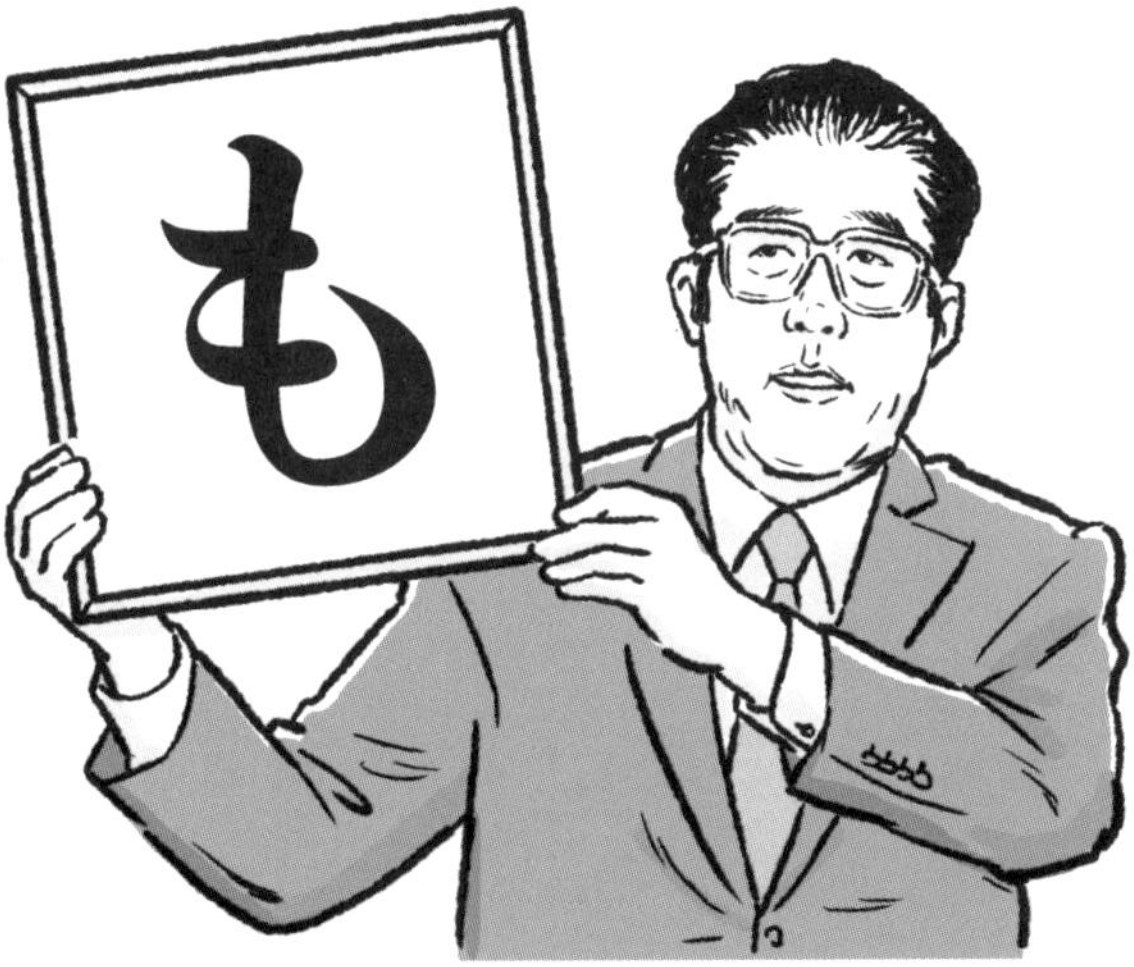

日本語最強の一文字は「も」である

名セリフや名コピーなど、世の中には人の心をぐっと掴《つか》む名文が存在します。

しかしこの名文、生み出すには持って生まれた才能やセンスが必要です。

でもだいじょうぶ。心をちょっと動かすだけであれば、たった一文字で、誰でも相手に好印象を与えられます。

その一文字とは、ひらがなの「も」です。そ の威力は日本語最強の一文字と言ってもいいくらいのレベルの高さ。たとえばこんな感じで使います。

×「ありがとう」→◎「いつ〝も〟ありがとう」

×「○○ができるなんてすごい」
→◎「○○〝も〟できるなんてすごい」
×「今日のご飯は美味しいね」
→◎「今日のご飯〝も〟美味しいね」

いかがですか?

言っていることは同じですが「も」を使うだけで、相手は「いつも自分のことを気にかけてくれている」という気持ちになり、嬉しさを感じてくれます。

「も」が使えるシーンは、性格（思いやり・責任感・面倒見・感受性）、見た目（姿勢・髪型・服装・声）、行動や仕事ぶり（気がきく・あいさつ・丁寧さ・食べっぷり）など多数あり、とても使いやすいのも嬉しいところ。

いつもの言葉をたった一文字変えるだけで、人間関係は何倍もよくなっていきますよ。

すれ違いをなくす話し方

相手が話していたことを覚えておき、「前回の話は○○でしたね」と振り返る

【やり方】

会議や雑談などの冒頭に前回の話を振り返る。

【効果】

話のブレがなくなる。また好感を持たれる。

話のブレのなさと好感を引き寄せる方法

「まるで別人と話しているよう。前回決めた話にのっとって会議を進めたのに、ぜんぜん話がかみ合わない……」なんてことを経験したことはありませんか？

「君子は豹変《ひょうへん》す」ということわざがあるように、人の気持ちは環境の影響を受け、常に変化しています。そのため会議や打ち合わせの冒頭に、前回と同じ認識のままかを確認しないと失敗する可能性があります。

話を始める際は、「前回、決めたことは○○でしたね」などと、これまでの振り返りを行う習慣を持ちましょう。そうすれば、「いや違う」などと急に違う話をされ、あらぬ方向に進むことを防げます。

実際、外資系企業のVIPは毎回会議の冒頭で前回のレビューを行っています。

「記憶はあらゆる物事の宝であり、守護者なり」と古代ローマの哲学者キケロは言いました。

前回の話を覚えて振り返れば、すれ違いを防ぐことができます。

またプライベートの際は「この前聞いた××、とてもよかったです」というように、前に聞いた話を混ぜて話せば、自分の話を大切にしてくれたと嬉しく思ってもらえます。

前回の話の振り返りは、まさによいことずくめの工夫です。

自分自身の理解の整理にも役立ちますので、ぜひ振り返る習慣を身につけてください。

結果を出し続ける人の極意

手柄を人に譲《ゆず》る

【やり方】

その場に最適な人に手柄を譲る。

【効果】

チームとして

成果を上げることができる。

最適な人に手柄を譲るのもうまい仕事のひとつ

「聞いてないよぉ」「ヤー！」「熱々おでん」など、三人一組で笑いを取るダチョウ倶楽部を覚えていますか？　ツッコミの肥後さん、ガヤの寺門さん、そしてボケの上島竜兵さんのお笑いトリオのやりとりで、あなたも笑ったことがあると思います。このダチョウ倶楽部の成功の秘訣はチームプレーにありました。

通常、芸人と言えば自分が売れたいと思うがゆえに、我先《われさき》にと前に出たがりますが、ダチョウ倶楽部は三人で場の雰囲気を作り、手柄は上島さんがかっさらうチームプレーを徹底していました。このチームでチャンスを広げるという考え方は、ビジネスにおいても重要です。

たとえばプレゼンのアイデア。A案は専門家のアイデア、B案はあなたが考えた素人のアイデアだとします。そんなときに限って、なぜかクライアントがB案を気に入ることがあります。**その場合は迷わず、「B案は専門家のアイデアです」と手柄を譲ってみてください。**

ビジネスにおいて重要なのは、クライアントが何に価値を感じるかです。

クライアントの視点に立てば、素人《しろうと》のあなたのアイデアと言われるより、専門家のアイデアと言われた方が嬉しくなり、長い付き合いに発展します。

「それは〇〇のアイデアです」「〇〇さんのおかげで」など、最適な人に手柄を譲るチームプレーもうまい仕事のひとつなのです。

成長する人の質問方法

「どうしましょう?」を「こうしてもよいですか?」に言い換える

【やり方】
自分の意見を持ち、「こうしてもよいですか?」と聞く。

【効果】
よい結果を獲得でき、またしっかりした人という評判もえられる。

世界を変える質問とは？

質問には、「子どもの質問」と「大人の質問」の2つがあることをご存じですか？

私はこれをコンサルタントのメンターから教わりました。

子どもの質問とは、「どうしましょう？」というように答えをすぐに求める質問のこと。これを使う人は自分で何も考えていないため、失敗したときに人のせいにします。

一方、大人の質問は、「こうしてもよいですか？」が代表例。自分の置かれた状況や情報を見極め、今後の予測を立ててから自分の考えについてする質問のこと。もちろん自分の意見ですから失敗することもあります。でも自分で考えた上での失敗はトライ&エラーと言われるように、生きた失敗になっていきます。

昨今の上司や先輩は、こちらの質問に合わせた回答しか話してくれません。なぜなら必要以上に指導したり、注意するとハラスメントと言われる可能性があるからです。

つまり実は「子どもの質問だな」と心の中で思っても、何も言わなくなっています。だからこそあなたが成長したいと考えるなら、大人の質問を使う必要があるのです。

あなたが意思を持って質問するだけで、よい結果を獲得でき、またしっかりしていると思われます。

質問の仕方ひとつで、あなたの世界が変わり始めるのでぜひやってみてください。

相手が喜び、自分も嬉しい会話の作法

要約してオウム返しする

【やり方】

相手の発言を要約してオウム返しする。

【効果】

相手が自分の頭の中を整理できる。また話も弾む。

聞き上手は、話を要約してオウム返ししている

「もやもやしていた考えがまとまった」

「話しているうちに新しいアイデアが浮かんだ」

誰かと話しているときに、ふと、こんな経験をしたことはありませんか？

3，000名のVIPを研究した結果、この会話中の気づきは、相手のちょっとした返答の仕方によって引き起こされていることを発見しました。

その返し方とは「話の要約」です。

「それって○○ってことですか？」

「整理すると××ってことでしょうか？」

など、相手が何気《なにげ》なく話していることを要約し、話をオウム返しする。

たったこれだけなのですが、要約のオウム返しは相手に気づきを与え、また自分自身の理解促進に役立ちます。

また要約により「この人との会話は話しやすい」「自分の意見をまとめるほど真剣に聞いてくれる」と相手に感じてもらえ、通常より一歩深い人間関係にもなれます。

「話し上手になりたければ、聞き上手になることだ」と世界的ベストセラー『人を動かす』の著者のデール・カーネギーは言いました。

要約のオウム返しは、自分も相手も喜ぶ工夫です。

対面はもちろん、テレビ会議で特に威力を発揮しますので、ぜひ試してみてください。

人を動かす極意

キーマンの意見を添える

【やり方】

自分の意見に
キーマンの意見を添える。

【効果】

相手が賛同してくれる。

人を動かす極意とは？

「同じ言葉でも誰が言っているかによって意味が変わってきます」

と、元メジャーリーガーのイチローさんは言いました。

職場の仲間やクライアント、プライベートにおいては友人など、自分の意見を通したいときは、誠実に正論を熱弁するだけがよい方法ではありません。

あなたの意見にキーマンの意見を添えるという方法を使ってみてください。

「部長が言っていたのですが＋あなたの意見」

「中期経営計画で社長が述べられたように＋あなたの意見」

このようにキーマンの意見を添えて言われると、相手も自然と納得します。

他にも「厚生労働省のデータによれば」「他社事例を研究したところ」「法律で決められている通り」など、意見にエビデンスや法律を添えるのも効果的な方法です。

とはいえ長所には短所も隠れています。キーマンの意見の連発は、虎《とら》の威《い》を借《か》る狐《きつね》と思われ、嫌われる原因にもなりますので、使いすぎは要注意です。

イチローさんはこうも言っています。

「だからまず言葉が相手に響くような自分を作らねばならない」と。

キーマンの意見を使いつつも、自分が成長することも目指していきましょう。

Chapter 5

ビジネスシーンの仕事術

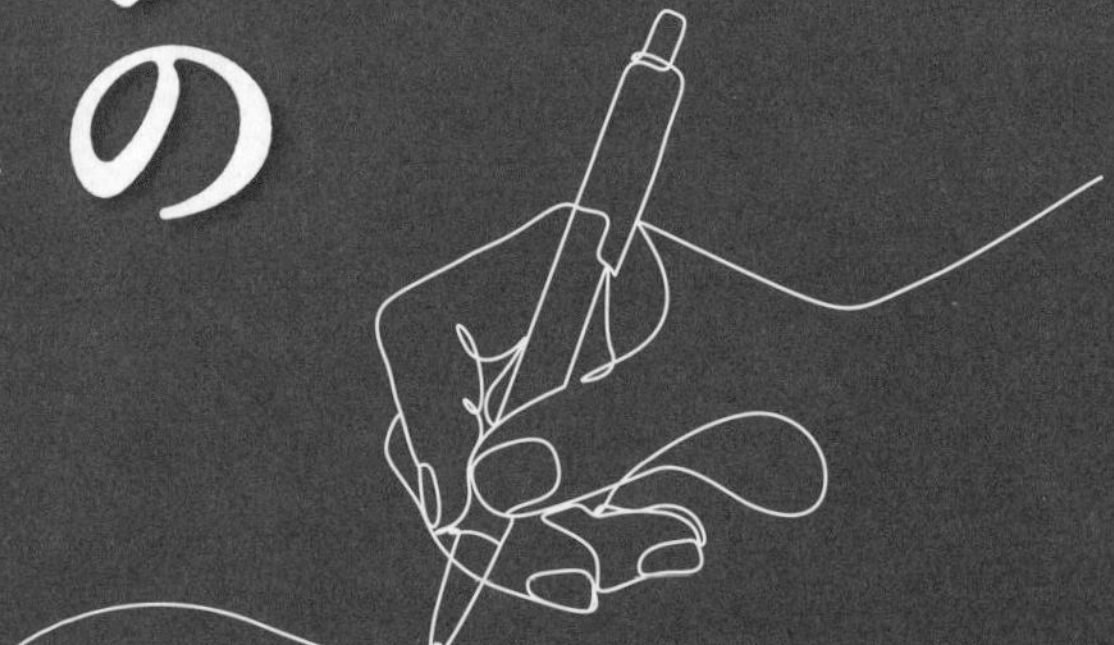

最強のビジネススキル

「明るく元気で素直な人」が最強

【やり方】
明るく元気で素直を心がける。

【効果】
周囲から応援されるようになる。

最強のビジネススキルとは「明るく元気で素直」である

「人が成功する資質は『素直さ』である」と、パナソニック（旧松下電器産業）グループの創業者で経営の神様と呼ばれた松下幸之助さんは言いました。

めちゃくちゃ優秀で行動力も抜群な人でも、自分一人でできる仕事はたかがしれています。一方、本当にすごい成果を出す人は、周囲の力を借りて一人ではなしえない大きな仕事に取り組んでいます。

この「周囲が力を貸してあげよう」と思う原動力が、あなたの素直さなのです。

私が接してきた3、000名のVIPも素直さを重視し、次のような行動を心がけていました。

- 声のトーンを明るくする（ドレミファの「ファ」くらいの高さで話す）
- 元気よく「ありがとう」と言う
- きちんと相手の話を聞き、アドバイスをしてもらったらすぐに実行する

まとめると「明るく元気で素直」。たったこれだけなのですが、「なんてチャーミングな人だ」と周囲から思われ、男女を問わず、応援されていました。

どんなに地位や名誉がある人でも、反発したり、ひねくれた意見ばかり言う人は嫌われます。いくつになっても明るく元気で素直な人が、ビジネスはもちろん、人として最強なのです。

デキる人が心がけていること

スピードがすべてを制す

【やり方】

できる限り素早く対応する。

【効果】

デキると思われる。

また自分の成長スピードが早くなる。

スピードの早さは価値である

「時は金なり」とアメリカの政治家ベンジャミン・フランクリンが言ったように、**時間とは貴重な資源であり、人はスピードの早さに魅力を感じる生き物です。**

たとえば上司から企画書の提出を求められ、Aさんは即日対応、Bさんは3日で対応したとしたら、たとえ出来が悪くてもAさんの方が早いというだけで高い評価をえられます。まさにスピードの早さとは価値であり、すべてを制すと言っても過言ではありません。

またスピードの早さは、あなたにも次のようなメリットをもたらしてくれます。

- 早く対応することで、人にアドバイスをもらう時間が増える
- 早い＝元気またはデキると思われる
- 余った時間で他のことができるため、成長速度が加速する

早くやるだけで相手も喜び、また自分にもメリットがあるのでやらない理由がありません。

また早さは「人に頼む」「ツールを使う」など、自分以外を巻き込んでもOKなのも好ポイント。工夫を重ねればどんどん早く対応できるようになっていきます。

やり方がわからなければ、あなたの周りの仕事の早い人のマネから始めてみましょう。

意識的に工夫を仕掛ければ、誰でも仕事が早くなり、あなたのファンも増えていきますよ。

人柄が判断される場面

エレベーターでボタン係りになる

【やり方】

ボタン係りになり、「どうぞ」と道を譲《ゆず》る。

【効果】

周囲に貢献できる人・仕事がデキる人と思われる。

「どうぞ」の姿勢が良縁を引き寄せる

私の「生まれ変わっても身につけたいスキルNo.1」は、エレベーターの技術です。エレベーターは閉鎖空間ということもあり、実によく他人の行動が目に付きます。

たとえば遅れて入ってきたのに閉めるボタンを押さない人は自己中心的な人。操作盤の前にいるのにスマホばかり見ている人はチームプレーができない人と思われます。

逆にボタン係りになり、みんなが降りるまで開けるボタンを「どうぞ」と押す人や、自分がさっと先に降りて外から扉を押さえている人は周囲に気をつかうことができ、仕事もデキる人という好印象を持たれます。人は見ていないようで実によく見ています。

またエレベーターの立ち振る舞いを正しくしていると、自分によい結果が返ってくることがあります。私自身も次のような経験をしました。

ある会社に大型プレゼンにお邪魔した日。たまたまボタン係りになり、最後にエレベーターを降りたのですが、そのとき一緒に乗っていた方がお会いしたことがなかったプレゼン相手のキーマン。プレの場で「先ほどはどうも」と笑顔で言われ、好印象のうちにプレに勝利できました。

「袖《そで》すり合《あ》うも多生《たしょう》の縁《えん》」という言葉のように、**エレベーターは数秒の出会いの場ですが、実はとても貴重で深い縁の場です。**

ぜひ「どうぞ」のおもてなしで良縁を引き寄せてください。

好印象のお辞儀の作法

お見送りのお辞儀は相手が見えなくなるまで

【やり方】
相手の気配がなくなるまでお辞儀をし続ける。

【効果】
相手に余韻《よいん》を感じてもらえる。

一流は余韻で人を判断する

「相手が見えているうちに顔を上げたら負け」

社会人1年目に先輩に教わった言葉です。

先輩曰く、お辞儀はだるまさんが転んだと同じで、先に動いたら負け。相手がいなくなった気配を感じてから顔を上げないと、「礼が浅い・自分を軽んじる失礼な人だ」と勘違いされるとのことでした。

日本人は余韻を重視します。

たとえば除夜の鐘。ゴーンと音が鳴り終わったのちに、かすかに鐘の音が残る。また音が消えたのちも、なお耳に残る響きがあり、その様《さま》に心が癒やされます。

これと同じような余韻を、相手はあなたのお辞儀の待機時間に感じています。

他にもドアの閉め方や椅子の戻し方、ノートパソコンの閉じ方にも余韻は存在します。

一流と呼ばれる人ほど、それらの余韻で周囲に対しての敬意の有無や仕事に対しての意識の高さを推察し、今後の付き合い方の判断材料にしています。

たかが余韻、されど余韻。

私が出会ってきた3,000名のVIPは、去り際の余韻を大切にしていました。

誰も見ていなくても神様が見ているという視点で自分の行動を見直してください。そうすればお辞儀の待機時間もおのずと最適な時間になっていきます。

余裕を感じさせる行為

開けたドアは「2秒間」押さえる

【やり方】

他の人のために
ドアを2秒間押さえる。

【効果】

心が広い・育ちがよい
という印象を与える。

たった2秒で印象は180度変わる

リモートワークの時代ということもあり、オフィスに出勤してもパソコンや書類など、たくさんの荷物を持って、社内移動することが多い時代になりました。

そんな時代だからこそ、ドアを開けた際は2秒間押さえておき、他の人の出入りに貢献する気づかいが重要になっています。

たとえば普段はとても怖い先輩がいたとします。でもその人が、あなたが通るまでドアを開けて待ってくれたら、ちょっといい人かもと思いますよね。

逆に目の前でドアをバーンと閉められると極端に印象が悪くなります。たった2秒で人の印象は180度変わるのです。

なぜなら人は「ドアを開ける行為」にその人の余裕を感じるから。

ドアを開けて待つ行為とは自分の時間を人に譲《ゆず》るという行為です。そしてこの時間を譲るという何気《なにげ》ない仕草に、人は余裕を感じ、心が広い・育ちがよいという印象を持ちます。

出る人・降りる人が先、入る人・乗る人があとなど、オフィスのドアはもちろん、電車などの出入りの所作《しょさ》に人間性が表れます。

「優しさこそ、ほんとうの強さだ」と、伝説の名優ジェームス・ディーンは言いました。

慌ただしい時代だからこそ、自分ではなく周りを優先する。ほんの些細《ささい》な行為に人は本当の強さを感じるのです。

見た目で礼儀正しいと思われる

両手で渡す・受け取る

【やり方】

物を渡す・受け取るときは、両手を使って対応する。

【効果】

相手があなたに好感を持つようになる。

両手で渡す・受け取るだけで好印象が生まれる

ビジネスはもちろん、日常生活の様々な場面で物を渡す・受け取るというシーンがあります。そんなときあなたは片手で対応していますか？　それとも両手で対応していますか？　**もしあなたが片手で対応しているなら損する人と言えるでしょう。**

日本人は昔から、手と手を合わせる合掌《がっしょう》というインド由来の礼法を重んじています。食事においては、「いただきます」「ごちそうさまでした」の合掌。頼みごとをしたときの「お願い」のしぐさの合掌、はたまた助かったというお礼のポーズとしての合掌など、様々なシーンで「両手を使って」感謝や敬意の気持ちを表現してきました。

片手の対応はたしかにマナー違反ではありません。でもそれを両手に変えるだけで、感謝の気持ちや品のよさを上増しすることができるのです。

書類を渡す・受け取るときは片手ではなく、両手で行う。たったこれだけ。両手を使うだけでなぜか相手は、「重要人物という扱いを受けた」「大切なものを受け取った」と感じ、あなたは、周囲から「感じがよい」「礼儀正しい」という評判を獲得できるようになります。

「琴線《きんせん》に触れる」という言葉があるように、両手は相手の心の奥にある秘めた感情をくすぐります。印象を１８０度好転させるので、ぜひ両手を使うようにしてください。

非常識と思われないために

上座を覚える

【やり方】

上座を把握して行動する。

【効果】

相手に不快な思いをさせない。

上座問題は世界中に存在する

プロトコールという言葉を聞いたことはありますか？　外務省によれば国家間の儀礼上のルールであり、外交を推進するための潤滑油とのこと。

習慣や慣習・儀礼など上座問題は日本ローカルの話ではなく、世界的なルールが存在しています。

プロトコールを知らないだけで世界共通で非常識な人間だと勘違いされますので、まずは次から紹介する日本の上座から覚えていきましょう。

■会議室での上座のルール

「出入口から一番遠い席の中央」が上座。

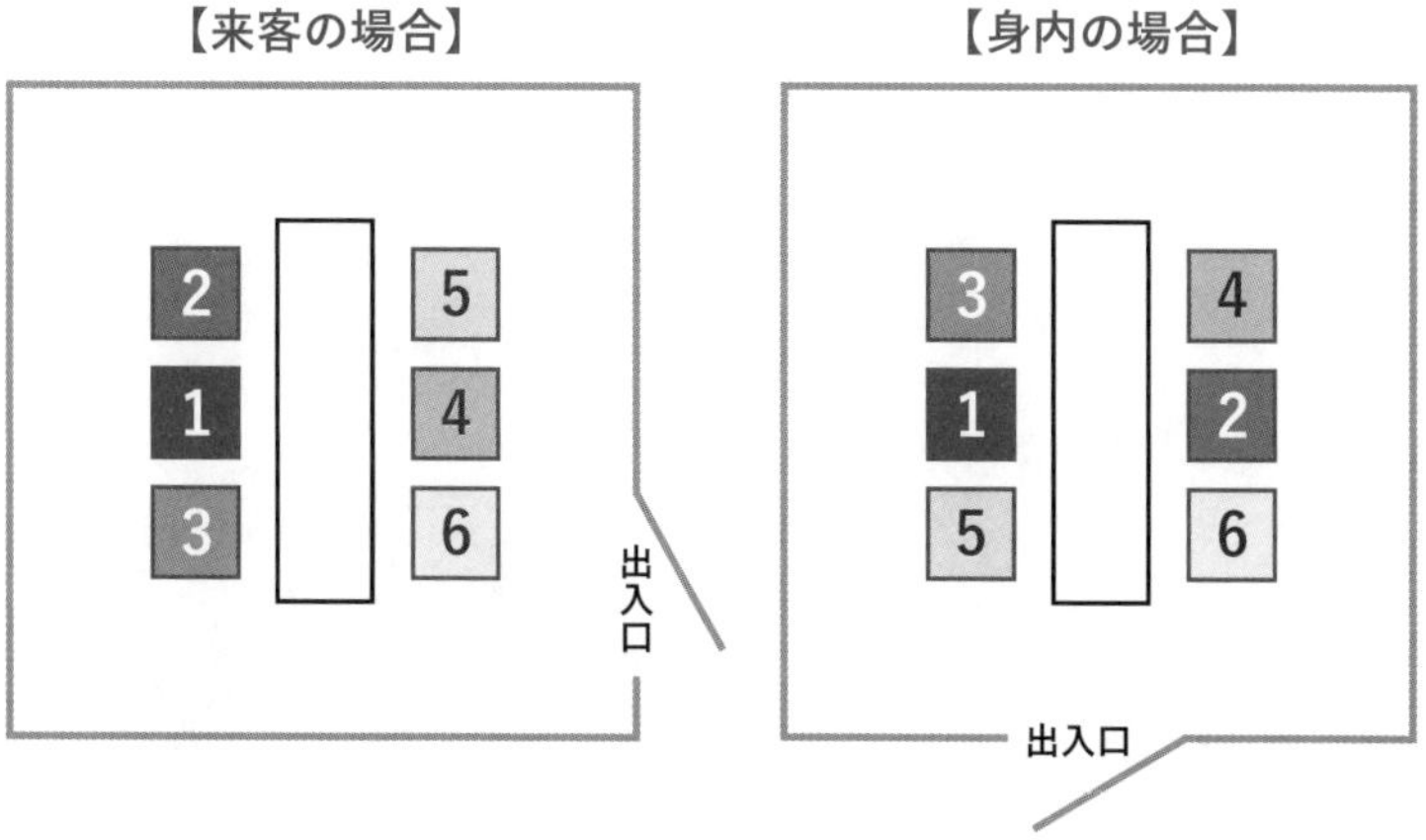

■応接室での上座のルール

「出入口から一番遠い席」が上座。一人掛け（肘掛け）のソファよりも長椅子タイプのソファの方が格上とされている。お客様が３人いる場合は、出入口から遠い順におすすめする。

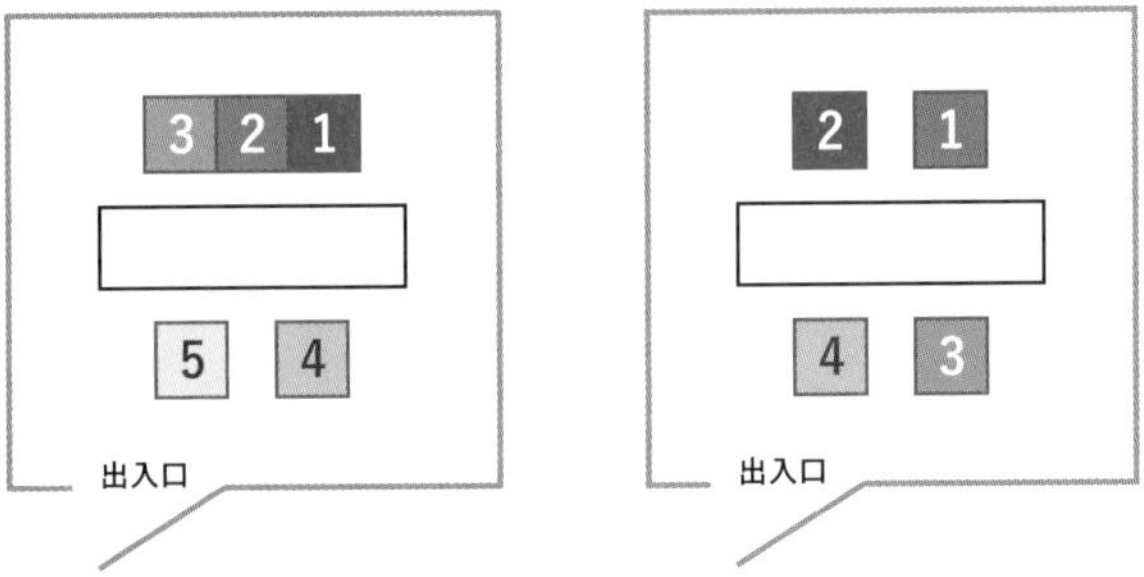

■エレベーターの上座のルール

出入口から見て「左奥」が上座。「ボタンの操作盤の前」が下座。

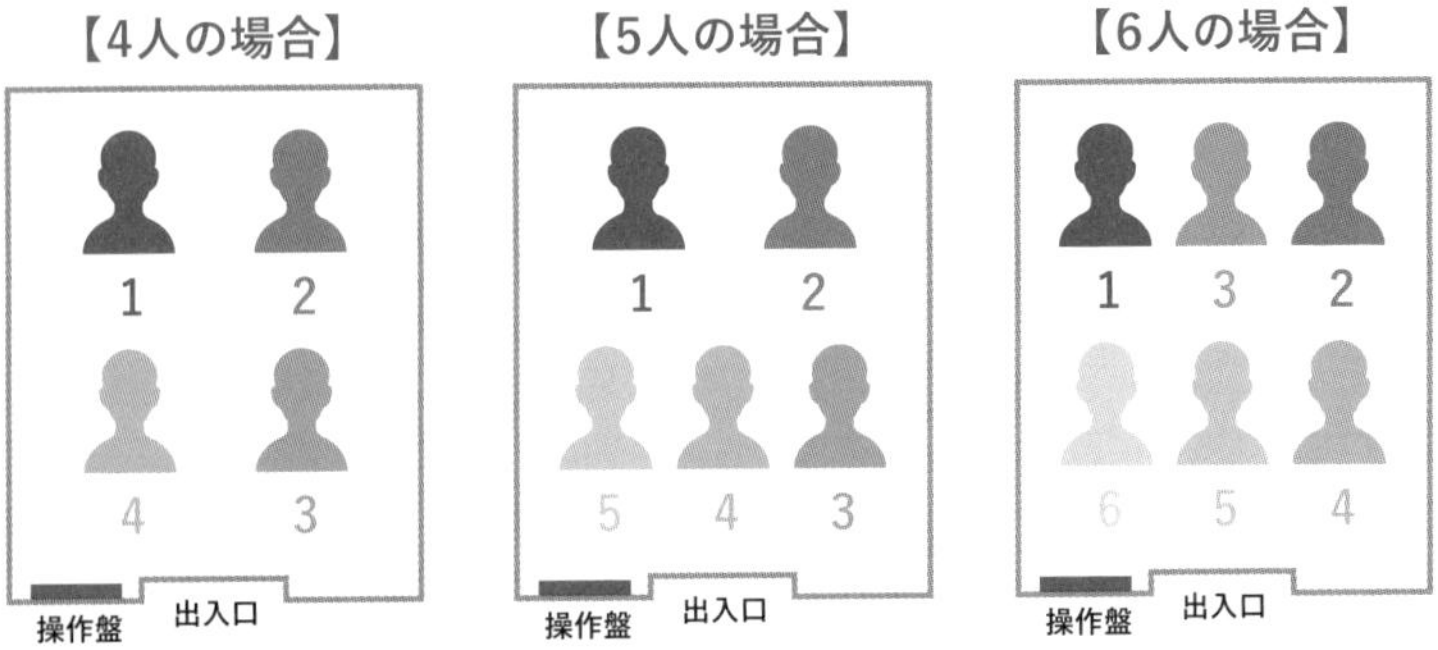

■タクシーの上座のルール

「運転席の後ろ」が上座（最上位）。以下、助手席の後ろ、後部座席中央、助手席の順。車の行き先の誘導や支払いは助手席の人が行う。

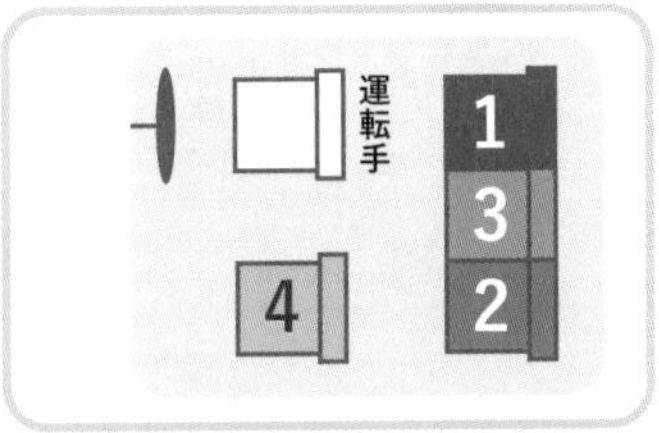

■座敷・会食での上座のルール

床の間がない場合は「出入口から一番遠い席」が上座。床の間がある和室では「床の間を背にした席」が上座で「出入口から一番遠くて中央に近い席」が最上位。「出入口に一番近くて端に来る席」が下座。

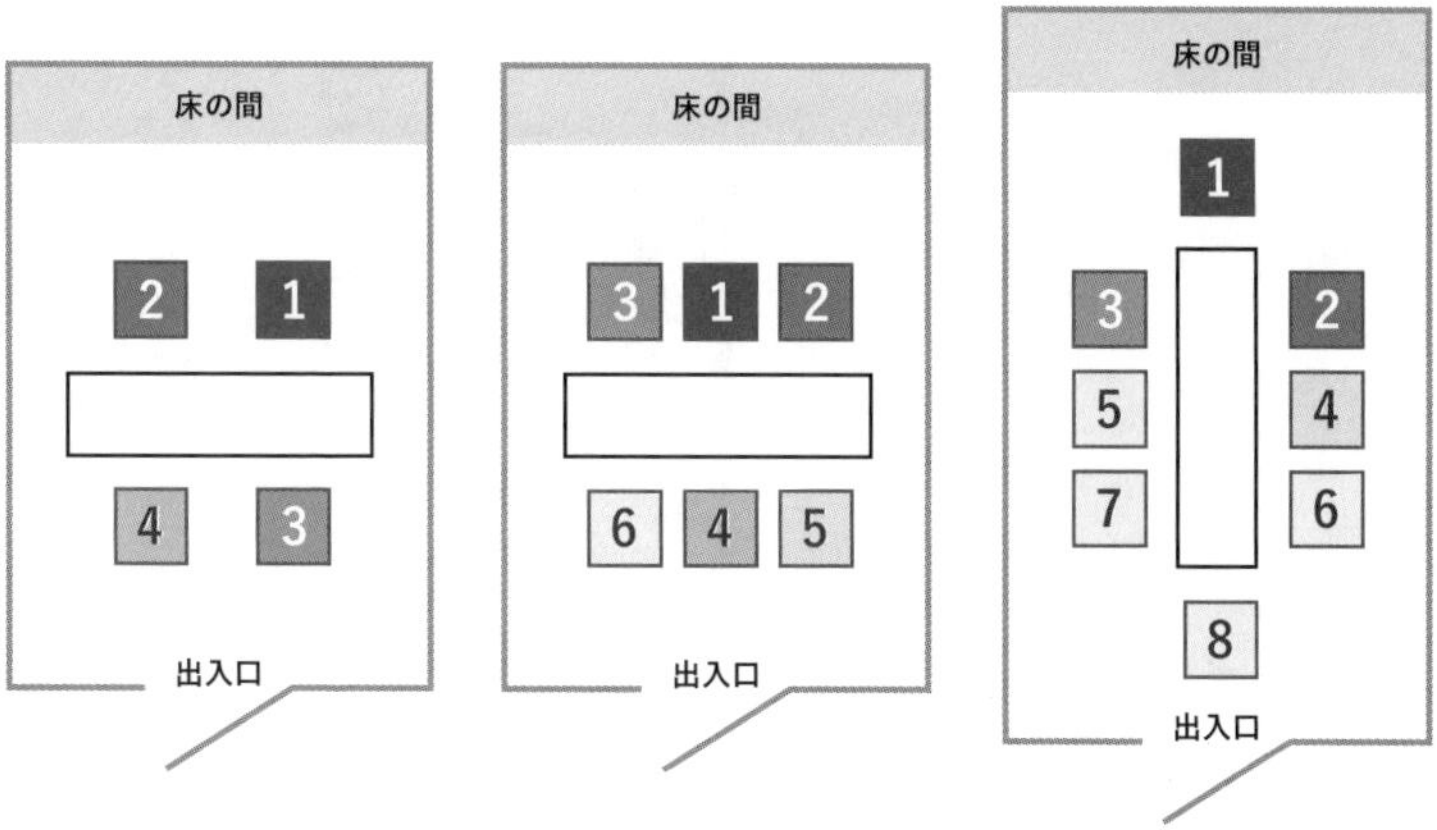

■写真撮影での上座のルール

２人の場合は「相手を自分の右」にする（国際儀礼では、年齢や地位が高い人は、自分より右側にするのが通例）。３人の場合は、カメラ側から見て一番上の方から中央、左、右の順にする。複数で撮影する場合は、カメラ側から見て一番上の方が中央になり、左、右、さらに左、右の順にする。

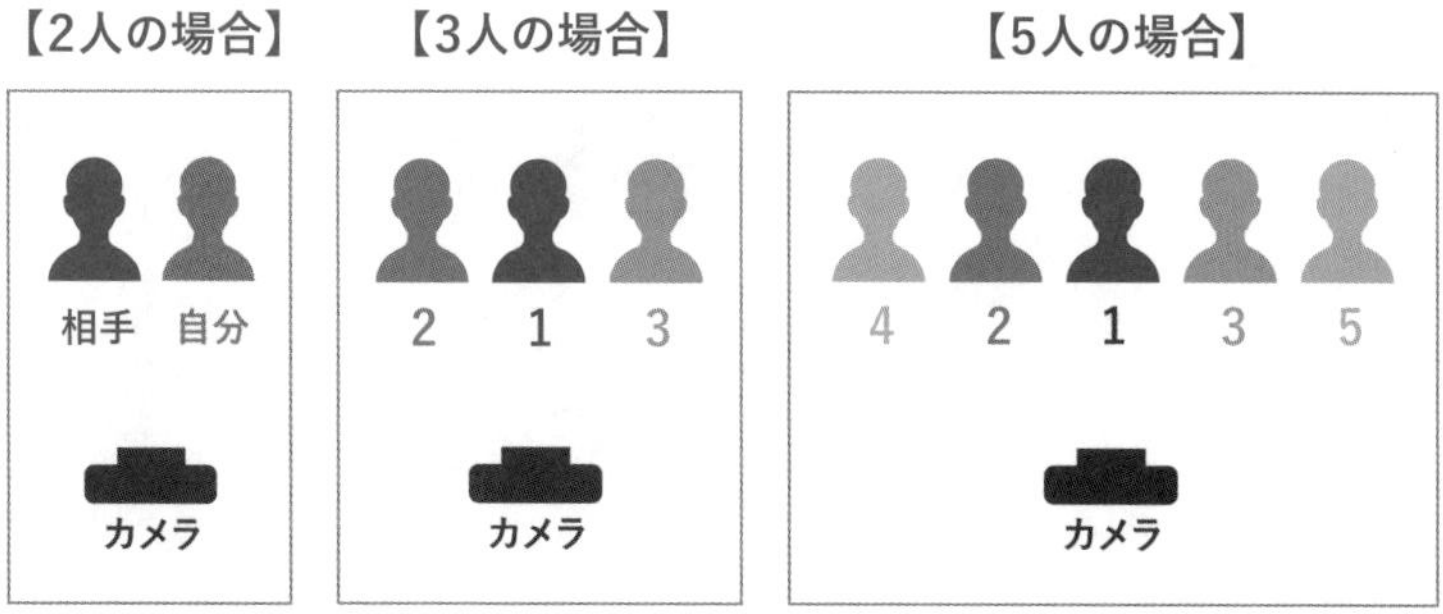

育ちがよい人がやっていること

ペン・はさみ・カッターなどを渡す際は、危ない方を自分に向ける

【やり方】

尖ったものを渡す際は危ない方を自分に向ける。

【効果】

育ちがよい・常識がある人と思われる。

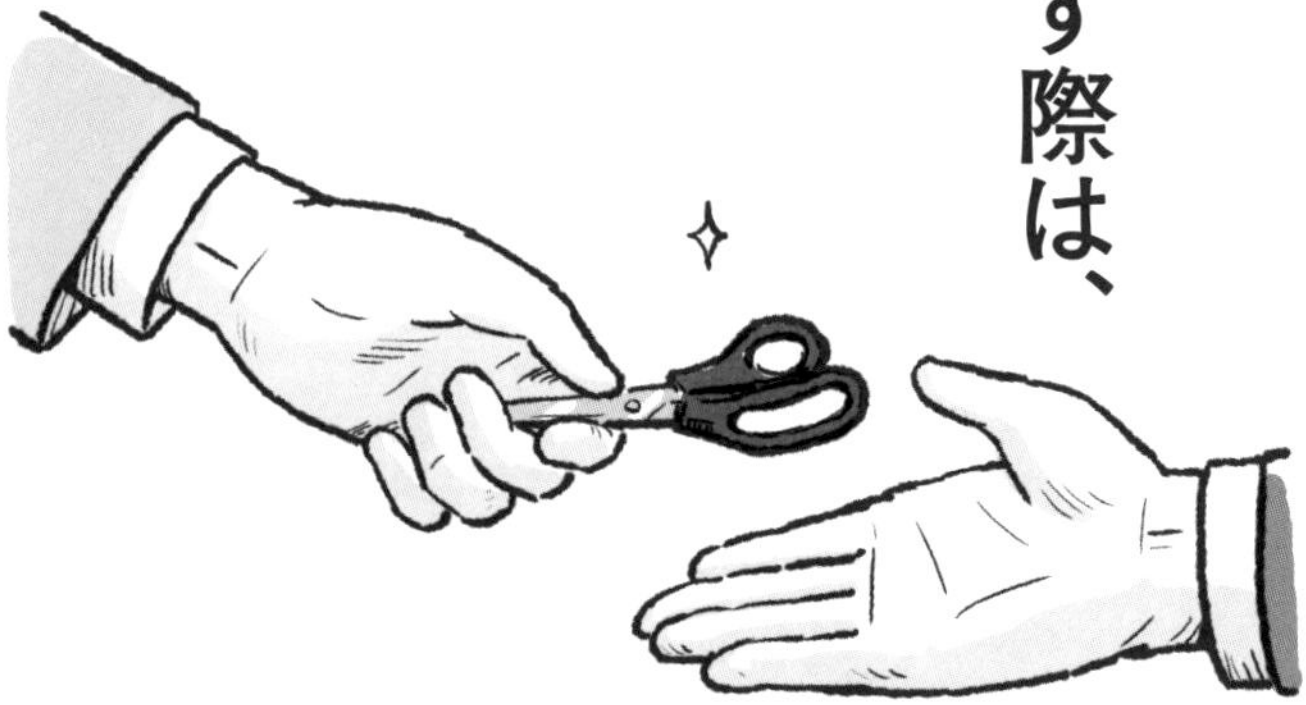

レアなシーンこそ要チェック

男性で言えば、小泉孝太郎さんや松岡修造さん。女性で言えば、松たか子さんや芦田愛菜《あしだまな》さん。

本当のところはわかりませんが、ぱっとした見た目で育ちがよさそうと思える人が世の中にはいるものです。

この育ちのよさ（よさそう）というイメージは、信用第一のビジネス社会においてプラスに働きます。逆に自分勝手な人と勘違いされた人はかなりのハンデを背負います。

この差を生み出す育ちのよさは、見た目の印象もありますが、**何より「相手の立場で考えられるか」という余裕のある行動から生み出されます。**

たとえばペンやはさみ、カッターなどを渡すときに尖《とが》った方を向けて渡す人がいますが、相手の立場で考えれば、危ない方を自分に向けて渡すのが正解です。さらに「よく切れるので気をつけて」「少し重いですよ」などと、ひと言付け足すとさらに育ちがよいと思われます。

月に1回あるかどうかのレアなシーンだからこそ、「こんな常識も知らないのか」と思われるのは損しかありません。「自分の常識は他人の非常識」と昔から言われるように、自分の常識を疑い、相手の立場でどうすべきかを考えて行動してみてください。この相手思いの姿勢が、育ちがよいという印象を育て、またよい仕事運も引き寄せてくれます。

ビジネスパーソンの基本

リスクは1秒でも早く開示する

【やり方】

リスクを抱《かか》えたら、即、上司（周り）に相談する。

【効果】

大事になる前に問題を解決できる。

トラブルこそ チームで対応する

「忘れていました」が言えなくて逮捕された旅行会社JTBのサラリーマンがいました。

　彼は高校の遠足で使うバスの入札に勝利したにも関わらず、肝心のバスの手配をし忘れ、あろうことかそれを誰にも相談せずにミスを隠蔽《いんぺい》。そして自ら生徒を装《よそお》い、「遠足を中止にしなければ自殺する」という主旨の手紙を高校に届け、結果、逮捕されました。

　自分ならこんな馬鹿なことはしないと思うかもしれませんが、リスクはあなたの周りにも潜《ひそ》んでいます。発注忘れはもちろん、誤植・注文数の間違い・メールの誤送信・書類の紛失・取引先からのクレームなど、指摘されると自分の周りはリスクで溢《あふ》れかえっていることに驚くと思います。だからこそリスクを抱《かか》えた際は1秒でも早く開示し、会社や組織などのチームで対応するのが正解です。

「三人寄れば文殊《もんじゅ》の知恵」ということわざがあります。

　文殊とは知恵をつかさどる菩薩《ぼさつ》様のこと。このことわざの通り、たとえ凡人であっても三人集まればリスクやトラブルを解決するよいアイデアが湧《わ》いてくるものです。

　冒頭の逮捕されたサラリーマンも早く上司に相談していれば、きっと違う結果になっていたはずです。


リスクの開示&相談は、ビジネスパーソンの基本です。

難問を解決する方法

難しい問題は小さい仕事に分けて考える

【やり方】

自分ができるレベルまで問題を小さく分類する。

【効果】

難問の解決策が見つかる。

難問は小さく分けてから取り組むのが正解

「自分のキャリアでは難しすぎる」「土日も残業しているのにぜんぜん解決しない」

目の前にそびえ立つ巨大な難問に立ちすくみ、逃げ出したくなったことは誰にでもあるものです。しかしそんな難問だからこそ、きちんと立ち向かえばキャリアと信用を獲得できます。**そこでおすすめなのが「難しい問題は小さい仕事に分けて考える」という方法です。**

世界で活躍する片づけのプロの近藤麻理恵さんはゴミであふれかえる汚部屋の整理もひとつずつの分類からスタートすることを提唱。「モノを一つひとつ手に取り、ときめくモノは残し、ときめかないモノは捨てる」という方法を主張しています。この考え方はビジネスも同じです。

たとえばあなたが創業100年を記念する社史を編纂《へんさん》する業務に就《つ》いたとします。100年と聞いただけで気が遠くなりますが、これを「①納期までの逆算スケジュールを作る。②100年の出来事を洗い出す。③その出来事の資料を集める。④集めた資料を整理する。⑤すべての情報をデザインに落とし込む」という小さい仕事に分類すれば、解決できるようになります。

重要なのは難題を難題のままで放置せず、自分ができる小さい仕事まで分類することです。

どんな難題でも小さく分類すれば、未熟な自分でも意外とクリアできる部分が見つかります。「小さく分ける」はデキる人の習慣です。

Chapter 6

ワンランク上のビジネスシーンの仕事術

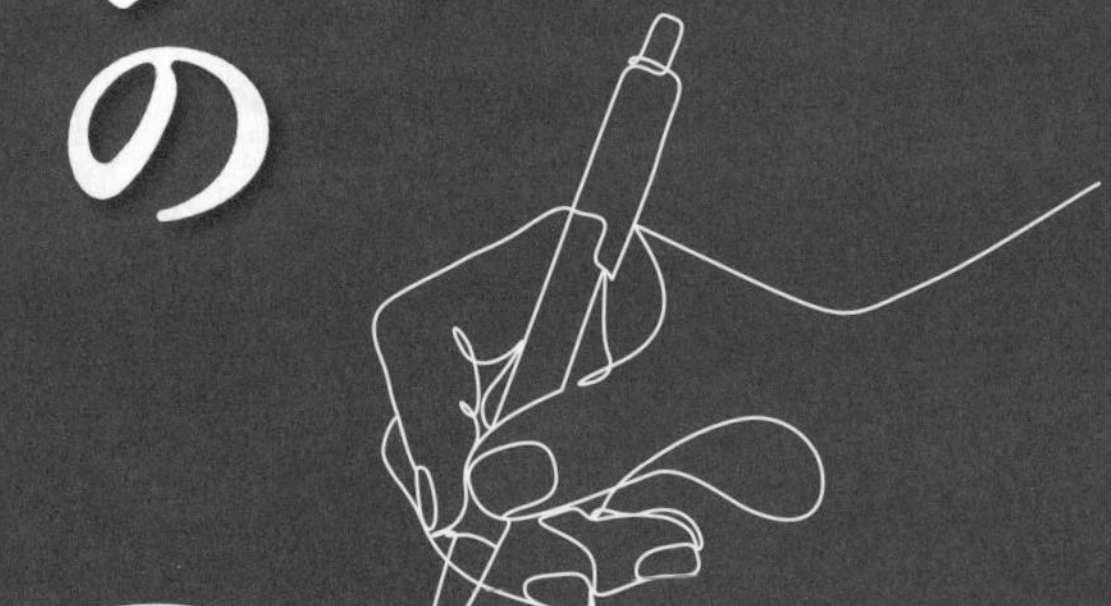

曖昧《あいまい》さで事故を起こさないために

「逆締切り」を提案する

【やり方】

こちらから締切りを提案する。

【効果】

何をいつまでにするかが明確になる。

あなたと相手の時間感覚は異なる

「いつでもよい」「なるべく早めで」など、仕事をしていると明確な日時を指定されない納期があるものです。**これを曖昧なまま鵜呑《うの》みにすると事故につながります。**

私も大失敗をしたことがありました。

あるクライアントから新商品についてのアイデア提案を今週中に欲しいと言われたときの話です。アイデアを順調に開発し、あと1日で完成という木曜日の夕方にクライアントから怒りの電話が入りました。

「うちの会社は金曜日が創立記念で休み。木曜日までに提案してくれないとは何事だ！」

このとき私は、自分と相手の時間感覚は異なるため、明確に揃《そろ》えないと事故になることを痛感しました。

だからこそ「逆締切り」を提案し、基準を合わせる必要があるのです。

×なるべく早め→◎火曜日の17時までに
×午前中→◎11時までに
×明日いっぱいで→◎明日の18時までに

いかがでしょうか？

こちらから逆に日時を提案すると、曖昧さがなくなり、相手はもちろん自分も安心してビジネスを進めることができます。

みんなが嬉しい工夫なので、ぜひ積極的に逆締切りを提案してください。

相手目線のアポの取り方

アポは月曜の朝と金曜の夕方を避ける

【やり方】
相手が忙しいタイミングを避けてアポを取る。

【効果】
ポジティブな気持ちで話を聞いてもらえる。

ちょっとした配慮でNOがYESに変わる

　ビジネスはキャッチボールと言われるように、仕事上手な人は、自分の投げたい球ではなく、相手が取りやすいボールを投げ、良好なコミュニケーションを築《きず》いています。

　たとえばアポ取りの時間設定にもそんな工夫があります。

　もしあなたが「月曜の朝」にアポを入れているなら残念な人と言えるでしょう。

　なぜなら月曜日の朝は一週間の中で最も忙しい時間だから。金曜の積み残しの仕事はもちろん、上司や外部のお客さんから土日の休み中に考えたアイデアや要求が山のように入り、その処理で忙しいのが月曜の朝。そんな忙しい時間にも関わらずアポを入れたら、自分勝手な人と誤解されます。

　同じように「金曜日の夕方」にアポを入れるのもNGです。

　どんな人でも気分よく週末を迎えたいもの。それにも関わらず休みの前に重い話をされたら嫌な気持ちになりますよね。

　「物には時節」ということわざがあるように、何事にもそれをするのに適した時機があり、それを間違えるとうまくいきません。

　「自分が話してスッキリしたい」はNGです。相手が気持ちよく話を聞けるタイミングを探ってください。

　同じ話でもちょっとした配慮の違いでNOがYESに変わることは多々あります。

人が面白いように動いてくれる方法

選択肢は3つに絞る

【やり方】
選択肢を3つ提示する。

【効果】
選びやすくなり、動いてくれる。

人を動かす「3の法則」

自己PRやプレゼン、プライベートの提案のときなど、あなたはどのように自分の思いをアピールしていますか？

もしやる気を見せるために、「何でもできます」「どこでも大丈夫です」などと、どんなことでも対応できると話しているなら、あなたは損している人です。

説得上手のVIPは、マジックナンバー3という「3の法則」を使って、提案を自分の思う方向に誘導しています。たとえばこんな感じです。

×何でもできます→◎3つのことができます
×いくつでも提案できます→◎松竹梅の3つのプランが提案できます

一見、選択肢が多い方がよさそうに思えますが、人は過剰に選択肢があるとかえって混乱し、何を頼んでよいかがわからなくなります。

逆にポイントを絞って「3つ」と言われると、訳があって整理していると前向きに感じ、洗練された印象を抱《いだ》く傾向があります。

「松竹梅」「金銀銅」「三種の神器」「うまい・早い・安い」など、昔から多すぎず、少なすぎない3の選択肢は、選びやすい工夫として活用されています。

影響を与えたい・人を動かしたいときは、「ポイントは3つ」「方法は3パターン」など、3の法則を使って話すようにしてみてください。たったこれだけで面白いように人が動いてくれます。

誤解を与えない伝え方

形容詞や副詞は数字に置き換える

【やり方】
形容詞や副詞を使わず、数字で語る。

【効果】
曖昧《あいまい》な表現がなくなり、誤解を与えない。

数字にはリアリティがある

頑張って話しているのに、思うように伝わっていない人っていますよね。**そんな残念な人を研究したところ、形容詞や副詞を多く使っていることがわかりました。**

「すごい」「素晴らしい」「高い・安い」など、「い」で終わるのが形容詞。「しばらく」「もっと」などおもに下に続く言葉を修飾するのが副詞です。これらの言葉はとても便利ですが、ビジネスシーンでは誤解を招く原因になります。

特にメールやチャットなどの文字で要件を伝える際には、曖昧になりがちな形容詞や副詞ではなく、数字を使うことをおすすめします。

×しばらくお待ちくださいく→◎30分、お待ちください

×少し高い値段となります→◎10万円となります

×すごいです→◎135％増はすごいです

いかがでしょうか？

数字にはリアリティがあり、誤解を招く要素がありません。

「誰よりも三倍、四倍、五倍勉強するもの。それが天才だ」と、野口英世は言いました。

この名言も「いっぱい勉強したものが天才だ」では、ありがたみがないですよね。

数字を使うだけで客観的になり、誤解を与えませんので、ぜひこれまでの2倍以上気をつけて形容詞や副詞から言い換えるようにしてみてください。

よい情報が集まる人の工夫

よい情報を聞いたらその場でアマゾンで購入する

【やり方】
よい情報を聞いたら、その場で購入する。

【効果】
どんどんよい情報を教えてもらえるようになる。

即買いは費用対効果が高い

「情報は情報を呼ぶ」

3、000名のVIPと交流して発見した真実の一つに、この情報の法則があります。

信頼できる人から商品やサービスの情報（本や物、お店やセミナーなど）を聞いた際、どちらの行動の方が相手に好かれるでしょうか？

① 「今度、チェックします」と言う
② その場ですぐに購入する
（アマゾンや楽天、リアルなお店で）

答えはもちろん②です。

自分の情報に敬意を表してくれたことに嬉しくなり、またその場で即、購入した行動力にも驚いてもらえ、この人にもっと色々と教えてあげようと思ってもらえます。

加えて「聞いた商品やサービスがすぐに手に入る」というメリットもありますので、やらないと逆に損をします。

即断即決という言葉が昔からあるように、よいと思っていることを遅らせる理由はありません。本ならば1、500円程度、セミナーの情報なら10、000円程度の出費となりますが、それで相手の信用をえられるのですから、これほど費用対効果の高い行為はありません。

情報を大切に扱う人には、さらによい情報が集まります。

ぜひやってみてください。

有益な情報と人間関係を引き寄せる

結果をフィードバックする

【やり方】
自分が体験してえられた感想をフィードバックする。

【効果】
有益な情報をさらに引き出せる。
人間関係がさらによくなる。

フィードバックは人間関係を育てる極意

前項の「よい情報を聞いたら、その場でアマゾンで購入する」という効果を、さらに倍増させる方法があります。**それは「結果をフィードバックする」という行為です。**

自分が体験してえられた感想をフィードバックしてみてください。すると相手は「自分の情報を信じて行動してくれた」「敬意を感じる」と喜び、その後も事あるごとにあなたを気にかけてくれるようになります。

実際、私の後輩にもこんな成功例がありました。

彼は入社半年の新入社員の営業マン。当然、飛び込み営業などしたことがありません。そんな彼があるアパレル会社に思い切って飛び込んだところ、運よく社長の面談に成功しました。とはいえその場で受注することはできませんでした。

でもそのとき社長から教えてもらったアパレルに関しての本を即購入。その後、自分なりの気づきを付箋《ふせん》に貼って社長に見せたところ、面白いヤツと言われ、50万円でも上々のところ、なんと2、000万円の新規受注を獲得できたのです。

情報に敬意を表し、早めにきちんと報告すると、有益な情報はもちろん、相手との人間関係がぐんと向上します。

敬意のフィードバックは人間関係の栄養剤だと私は確信しています。

相手が喜ぶメモの取り方

メモはA4サイズ以上の大きなノートで取る

【やり方】
A4サイズ以上の大きなノートでメモを取る。

【効果】
話し手がメモを取る姿に嬉しくなり、よい情報がゲットできる。

人は話を聞いてもらいたい生き物

「一行のメモが一生を変える」と、ベストセラー『メモの魔力』で前田祐二さんが書いたように、メモは本当に人生を変えます。事実、私が接してきたＶＩＰもメモ魔が多かった。ただそのメモを取るツール次第で、話し手（キーマン）の評価が変わることを知らない人は多いようです。

もしあなたがパソコンやスマホでメモを取っているなら残念な人です。なぜなら話し手は、「パソコンのエンターキーを押す音がうるさい」「スマホだとメモかどうか怪しい」と思い、あなたの意図とは異なり、内心イラっとしているからです。

メモとは自分が好きなように記述する行為ではありません。貴重な話をしてくれている相手に、「あなたの話は大切だからメモします」という姿勢を意識的に見せ、話す行為と書く行為をまるで交換日記のように見せ合う行為です。だからこそパソコンやスマホではダメなのです。メモは「Ａ４サイズ以上の大きいノート」に取るのがコミュニケーションの正解です。

Ａ４以上のノートであれば、あなたが書いている内容が相手にもなんとなく伝わります（これが重要！）。さらに時に大きく丸を書いたり、色を変えて線を引けば「自分の話はそんなにアクションするほど重要なんだ」と相手も嬉しくなり、より貴重な情報を教えてもらえます。嘘みたいですが、これこそ人間の真理。人は話を聞いてもらいたい生き物なのです。

一目置かれる人になれる方法

「こんなの載っていましたね」と情報を共有する

【やり方】
相手に役立つ情報を教えてあげる。

【効果】
一目置かれる。感謝される。

貴重な情報は待っていても入ってこない

「あのとき知っていれば……」

「まさかそんなことがあるなんて……」

ライバル会社の動向やクライアントの人事情報。

はたまた国や県、金融機関や商工団体が実施しているお得な話。

あるいは世の中の情勢に合わせた助成金など、もっと早く知っていればと後悔する情報は世の中に多々あるものです。

まさに「情報は宝」にも関わらず、貴重な情報ほど、人の目に付きにくい。

そこでおすすめなのが、人に代わって情報を集め、「こんなの載っていましたね」と共有してあげる行為です。

ポイントは相手の立場で考えたら役に立ちそうかどうかという視点で考え、わざわざ教えてあげる姿勢です。

すでに相手が知っている情報であってもだいじょうぶ。

自分のためにわざわざ調べてくれたという行動に、相手は好意を抱《いだ》いてくれます。

忍者やスパイが活躍していた時代があるように、世の中はたった１つの情報で大きく結果が変わることがあります。

ぜひ相手のために情報を集め一目置かれてみてください。

いつの間にか、いざというときの頼れる存在に選ばれていることでしょう。

人間関係をガラリと変える秘訣

雑談を意図的に聞く・話す

【やり方】
雑談を意図的に仕掛ける。

【効果】
人間関係が好転していく。

雑談で人間関係はガラリと変わる

「この人、いい人かもしれない」
「ちょっとずつだけど、興味が出てきた」

ビジネスはもちろん、友人関係や恋愛など、最初は興味がなかったのに、何度も見たり聞いたりしているうちに、だんだんと気になった経験があなたにもあると思います。

これは「ザイアンスの法則」という心理学の影響です。

「ザイアンスの法則」とは、アメリカの心理学者ロバート・ザイアンスが提唱した心理学の法則のことで、**人は接触回数が多いほど親しみを感じるという効果のこと。**

この法則の効果を知っている3、000名のVIPは、意図的に雑談を仕掛けていました。

やり方は簡単。

仲よくなりたい人のところに行き、何でもない話をしたり・聞いたりするだけ。たったこれだけで相手はなんとなくあなたに好感を持つようになります。

雑談するだけなんて失礼と思うですって？　だいじょうぶです。人はどうでもよい人とうでもよい話はしないもの。もしあなたと雑談してくれるのであれば、そもそも好意がある証拠と思ってOKです。

ザイアンスの法則はとても強力です。ぜひ雑談を仕掛けてください。

たったそれだけであなたの周りの人脈がガラリと変わっていきますよ。

自分を上手に鍛えるために

虎《とら》の威《い》を借《か》るネコになる

【やり方】
会社の看板を利用して働く。

【効果】
スキル・人脈・経験をスムーズに獲得できる。

世間の評価は看板で180度変わる

「会社とはお金がもらえるスポーツジムである」

私が30年の社会人生活で発見した会社の真実がこれです。

スポーツジムは自分がお金を払って自分の体を鍛えるところです。一方、会社は自分が給料をもらっているのに自分にスキルが溜《た》まっていく場所です。これってお得だと思いませんか？

しかも会社の名刺を持っているだけで、社会的信用も格段にアップするおまけも付いています。

事実、私は広告会社に勤める会社員であると同時に、作家という顔を持っていますが、10年前は、世間は会社の看板には好反応を示してくれましたが、何の実績もない作家見習いの私にはとても冷たい扱いをしたものです……。

「虎《とら》の威《い》を借《か》る狐《きつね》」という言葉があるように、力のない者でも強い者の権威《けんい》を借りれば、大きなことに取り組めます。

会社の看板を借りられるのはビジネスパーソンの特権ですので、自分のスキルや人脈構築、経験獲得のために「虎の威を借るネコ」くらいの低姿勢で、会社の看板や肩書きを利用するのが賢い大人の選択です。

縛られない働き方ができる今だからこそ、どこかできちんと修行し、一生使える基礎を身につけるのが重要です。

会社の威光は借りられるうちに借りておくのが新時代の正解です。

Chapter 7

社内の仕事術

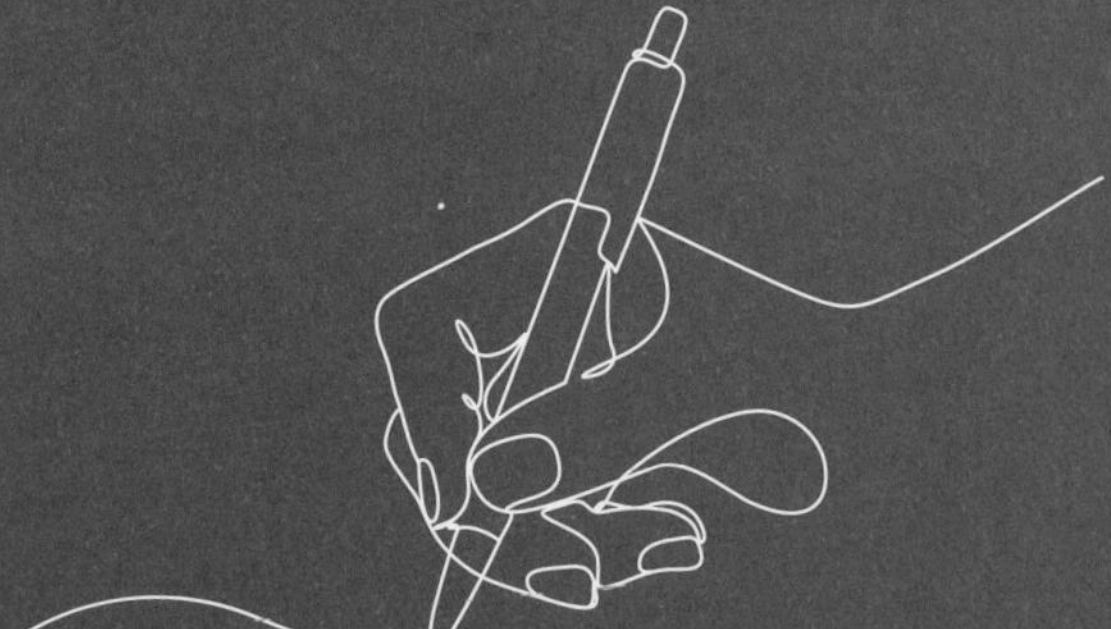

得する人の働き方

朝一番に出社して掃除する

【やり方】

決定権者より早く出社して掃除する。

【効果】

決定権者に相談できる。

仕事ぶりが観察できる。

好印象を持たれる。

早起きは本当に三文《さんもん》の得

「決定権者の朝は早い」

業種はもちろん、国内外を問わない会社の真実がこれです。

早い人は就業時間の3時間前、遅い人でも就業時間の40分前には、社長や部長と言った決定権者は働き始めています。だからこそ、その時間より少し早く出社し、掃除するのがおすすめです。

彼らは全体最適の思考で動いているので、みんなのためにする掃除に好印象を持っています。

また早く働き始めれば、他にも2つの得を獲得できます。

1つ目は決定権者に簡単にアクセスできることです。業務を始めたばかりの時間は、頭も心も気を許している準備の時間のため、簡単に話を聞いてもらえます。

2つ目は何をしているかを観察できることです。デキる人は午前中にほとんどの仕事を裁《さば》くので、彼らの仕事の仕方は朝しか見ることができません。

「いつでも掃除が行き届いていて、美味《おい》しいものが食べられる。そんな夢の世界を作りたい」とウォルト・ディズニーは言いました。

上層部は掃除を重視しています。早起きは三文の得がありますので、ぜひ早い時間に出社して掃除してみましょう。実践《じっせん》した人だけがえられるお得が満載ですよ。

自分も周りも喜ぶ電話対応

電話は まっ先に取る

【やり方】

電話が掛かってきたら
まっ先に取る。

【効果】

自分にスキルが溜《た》まる。
周りも集中して仕事に取り組める。

電話取りはスキルアップと周りへの貢献に役立つ

「知り合いの電話は普通に話せるけれど、会社の電話は緊張する……」

個人で携帯電話を持つことにより、固定電話を使う機会が減ってきた時代。それでも会社に掛かってきた電話に誰かが出なくてはいけない場面があるものです。

そんなときあなたはどうしていますか？　電話を避けているなら損する人と言えるでしょう。なぜなら電話取りはスキルアップに役立ち、また周りにも貢献できる行為だからです。

電話とはアドリブ能力を鍛《きた》えるマシーンです。電話に出るだけで、ぶっつけ本番に対しての対応力が向上します（これは場数を踏まないと鍛えられません）。

加えて電話の取次ぎをすれば、相手の社名や名前から社内の仕事状況が予測できるようになり、業務の先手を打つことが可能になります。

さらに何より、あなたが電話に出ればうるさい呼び出し音からみんなを解放することに貢献できます。だからこそ、電話はまっ先に取ることが正解なのです。

でもどうしても苦手ですって？　だいじょうぶです。電話で聞かれることは大体同じですので事前に「どこの・誰が・誰に・何をしてほしい」などのメモのひな形を作っておけば、慌てることなく対応できます。ヒヤリングのフォーマットがあれば、ほとんどの電話は対応できますよ。

仕事が早い人の習慣

3分以内に終わる仕事は今すぐ片付ける

【やり方】
3分で終わる仕事は今すぐ取りかかる。

【効果】
仕事が早く片付き、また人からの評価も上がる。

たかが3分、されど3分

「何でこれくらいの仕事がまだできないの？」

これは上司やクライアントの頭に毎日よぎるセリフです。

ちょっとした雑用を上司やクライアントから振られることってありますよね。その際、3分くらいで終わる仕事ならすぐに処理しないと、失格と思われます。

なぜなら相手はあなたの仕事ぶりを見て、「○分でできる仕事」と計算しながら仕事を振っているからです。

インスタントラーメンは3分で美味《おい》しくなりますが、さらに3分寝かすと不味《まず》くなってしまいます。

これと同じように仕事においては、期待値より遅い対応をすると評価が下がり、逆にきちんと対応すると評価が上がります。

仕事が早いと言われる人はこのことを理解しており、3分以内で終わる仕事はすぐに取りかかるようにしています。

また雑用の依頼以外にも、書類のチェックやメールの返信、交通費の精算など、3分もあれば終わる仕事は山ほどあります。

これらを宿題にせずさっさとこなせば、自分の自由な時間がどんどん増えていきます。

たかが3分、されど3分。自分の能力と仕事の難易度の2つの軸で目の前の仕事を分析し、「何分で対応できるか？」と考えて、すぐに取り組む習慣を持ちましょう。

誤植を防ぐ有効手段

音読《おんどく》を侮《あなど》らない

【やり方】
声に出して文字校正する。

【効果】
脳が活性化し、
誤植しにくくなる。

誤植は目と耳の2つで防ぐ

「キャンペーン期間を間違えた広告原稿を300万部の新聞に掲載してしまった……」「個人情報に関わる部分を誤植したままパンフレットを100万部印刷してしまった……」

これらは私が実際にやらかした誤植の失敗例です。

たった1つの見落としで天と地ほど結果が変わるのが誤植です。何度もチェックしたのに、その何度もが見慣れる原因に……。

自分ではきちんと見たつもりが、実はスルーしていることがあるものです。**そこでおすすめなのが「音読」です。**

音読とはチェックしたい原稿を「実際に声に出して読みながらチェックする方法」のこと。

通常の文字校正は目だけで文字を追いますが、音読は目と音声の両方でチェックするため脳がいつも以上に働き、誤植はもちろん、文章の流れの悪さなどにも気づけるようになります。

さらに精度を高くしたい場合は、誰かとペアを組んでの音読が有効です。ひとりが原稿を読み、もうひとりがチェックに専念するペアの音読であれば、より緻密《ちみつ》にチェックできます。

誤植を防ぐのはビジネスの基本です。なぜか大切な書類ほど誤植をしがちですので、音読を使って文字校正し、信用を失わないようにしましょう。

できて当たり前をミスすること以上に怖いミスはありません。

忘れない人の工夫

記憶ではなく道具に頼る

【やり方】

覚えておきたいことを道具に記録する。

【効果】

物忘れがなくなる。信用を失わない。

記憶ではなく道具に記録

「87・3％の社会人は時間が足りないと回答」（株式会社ワコム調べ）。

クライアントのアポに企画書のチェック、会議で決まったことの進行はもちろん、プライベートの約束など、私たちの周りにはやらなくてはいけないもので溢《あふ》れ、またどれも忘れてはいけないものばかりです。

そして1つでも忘れると「アイツはダメだ」と信用を失う厄介な世の中……。

そこでおすすめなのが「記憶ではなく道具に頼る」という方法です。人の記憶には限界があります。だからこそ記憶で覚えるのではなく、道具に記録し、都度確認する工夫が必要です。

①スケジュールは手帳やアプリに書き込む
②書類やデータは1案件1ファイル（フォルダ）に整理する
③会議の振り返りは議事録に記録する
④雑用はポストイットに書き出し、パソコンの横に張り出す

これらのように記憶ではなく道具に記録すれば、うっかり忘れを防ぐことができます。

「よい記憶力は素晴らしいが、忘れる能力はいっそう偉大である」と、アメリカの作家ハバードは言いました。

記憶は忘れるという前提で道具を使うのが、自分を守り、また周りを安心させる人の工夫です。ぜひ道具を使いこなして楽になってください。

評価が高い人がしていること

コピー機の紙・車のガソリンの補充係になる

【やり方】

みんなが助かる陰の行動をする。

【効果】

陰ながら評価される。

自分の気持ちがよくなる。

所作《しょさ》が美しい人がしていること

2023年、WBC（ワールドベースボールクラシック）で世界一となった日本野球の特徴は「つなぐ野球」と言われました。自分が自分がと個人が前に出るのではなく、チームの勝利のために、今、何をすべきなのかに個々が注力する。たとえ自分が犠牲になっても次の人のために貢献するひたむきな選手の姿に、胸を打たれた人も多いと思います。

私たちのビジネスにも、このチームのために貢献する姿勢が必要です。

たとえば、毎日使うコピー機の用紙や社用車のガソリン補充を次の人が困らないように手配する。会議後に部屋をきれいに掃除する。レストランでランチをしたあと椅子を元に戻してから立ち去るなど、誰が見ているわけでもないのに次の人のために行動している人がいます。そんな人の所作は美しく、またその陰の行動に皆、実は気づき感謝しています。

「世の中は駕籠《かご》に乗る人、担《かつ》ぐ人、そのまた草履《ぞうり》を作る人で成り立つ」By田中角栄

「日本一の下足番《げそくばん》になってみろ。そうしたら誰も君を下足番にしておかぬ」By小林一三

現代日本を作ったVIPもこのように陰の活躍が重要と言っています。

誰かがやった方がよいことは、あなたがやるべきことです。人に陰ながら評価されることもありますが、何より自分の気持ちが清々《すがすが》しくなりますのでやらない手はありません。

失敗しない報連相

報連相ではなく、報レンレン相

【やり方】

連絡をいつもの2倍行う。

【効果】

相手が安心する。

間違いのない報連相ができる。

人は連絡してもらいたい生き物

「きちんと報告してほしかった……」

社会人の基本は報連相と言いますが、上司やクライアントが思う報連相とあなたが思う報連相はずれていることがあります。

ポイントは自分ではなく「相手がきちんと報告・連絡を受けた」と感じるかどうか。

人は安心したい生き物です。だからこそ報連相は、報レンレン相というように連絡の数を2倍に増やし、あなたが思うよりも多く連絡することが正解です。

たった1回連絡を増やしただけですが、あなたが思う以上に相手は安心してくれます。

また話しかける際の工夫も重要です。

- 手元が止まっているときに話しかける（作業中など忙しいときの報連相は効果が半減する）
- 「結論から申しますと」のようにポイントがすぐにわかるように話す
- マイナスのことほど早く報レンレン相する

ビジネスは個人ではなく、チームで行うものです。ぜひ報レンレン相で周りを巻き込み、早めの根回しを仕掛けましょう。

たった1回連絡を増やすだけで、あなたも相手も安心して仕事に取り組むことができるようになります。

仕事の優先順位で迷わない

日頃から優先する人の順番を決めておく

【やり方】
利益貢献が高い仕事をしている人を優先する。

【効果】
仕事の優先順位で迷わなくなる。

利益貢献が高い人を優先する

「声が大きい人の仕事を優先しがち」

「新しく入ってきた仕事から取りかかる」

これらは仕事が遅いと言われる人の特徴です。

仕事は緊急度と重要度でタスクの優先順位を決めるべきと言われていますが、一瞬でそれを見極めるのはなかなか難しいもの。

そこでおすすめなのが、あらかじめ優先する人の順番を決めておくという方法です。

判断基準はあくまで「利益」。

会社とは利益をみんなで稼ぐ場所です。だからこそ声の大小ではなく、会社から見た利益が大きい人を優先するのが正解です。


営業であれば稼ぐ利益が大きい人、総務・人事であれば業務の改善率の高い人などを優先しましょう。

そうは言っても利益が大きい人も緊急度や重要度が低い仕事を依頼することはあるですって？

だいじょうぶです。利益意識が高い人はあなたが見えない視点で会社の利益を見ています。よって会社の利益にならないことは依頼しないので安心してください。

なお利益を判断基準にしても、たくさん依頼されるとどれから手を付けてよいかがわからない場面も出てきます。

そんなときは「今やらなくてよいものを決める」のもうまい手です。今すぐしないという決断も立派な優先順位となります。

コミュニケーションを深める工夫

仲よくなりたい人の近くに座り、1日3回話しかける

【やり方】

1日3回話しかける。

【効果】

少しずつ仲よくなれる。

またいざというときに抜擢《ばってき》されやすくなる。

仲のよさは会話の頻度《ひんど》に比例する

「夫婦仲が円満な人の会話時間は、円満でない人の約4倍の長さを会話している」

明治安田生命「いい夫婦の日」に関するアンケート調査によると、夫婦円満の秘訣は、よく会話をすることだそうです。

そしてこの会話の頻度の多さは、ビジネスにおいても大変重要です。

もしあなたが特定の人と仲よくなりたいなら1日3回話しかけましょう。

話しかけなので特に話題を用意する必要はありません。「おはよう」「おつかれさまです」「ありがとうございます」など何気ないものでOK。

まずは声をかけるという事実が重要です。

時にはその流れで相手から雑談が振られることも出てきます。そうやって徐々にコミュニケーションの濃さを深めていけばよいのです。

人は機械ではありません。どうせなら知っている人・声をかけ合う人・ランチを一緒に食べている人を無意識に優遇する傾向があります。

また会社における仕事の抜擢や出世の決め手は、実力以外にも「声をかけ合う仲」という非公式なコミュニケーションが大きく影響しています。

1日3回を目標に自分から声をかけてみましょう。

相手はもちろんですが、自分もちょっとほっこりでき、また得することが起こり始めるのでおすすめです。

会議を効率的に行う方法

会議ではホワイトボード係りになる

【やり方】
ホワイトボードを使う。

【効果】
議論が見える化できる。
自分の意見に誘導できる。

会議は見える化すると効率的になる

「社内会議の平均時間は68・2分」（ジェイアール東海エージェンシー調べ）と言われるほど長い会議に振り回されている私たち。

「議論が平行線になりがち」「頭の整理が追いつかない」など、誰もが会議を効率的にしたいと考えているものです。

そこでおすすめなのが「ホワイトボード係りになる」という方法です。

会議の時間が長くなるのは共通のゴールの認識が持てていないからです。だからこそ会議を行う際は、**あなたがホワイトボードの前に立ち、ボードの一番上に議題を書いてあげましょう。**

たったこれだけで明確なゴールがわかり、ブレない議論を誘導できます。

また出てきた発言の要点をボードに書いていけば議論の流れも見える化でき、どんどん活発になっていきます。結果、会議が濃密になり、早く終わることができます。事実、時間に追われる3、000名のVIPはホワイトボードを活用して議論を効率化しています。

ホワイトボードの前にあなたが立つだけで「会議のファシリテーターはあなた」という認識を全員が持ってくれます。するとまるでサッカーの司令塔のように発言のパスを回すことができ、文字やグラフの書き方で自分の意見へ誘導することができます。

ホワイトボードを活用するのはビジネスパーソンの重要なスキルのひとつです。

Chapter 8

営業の仕事術

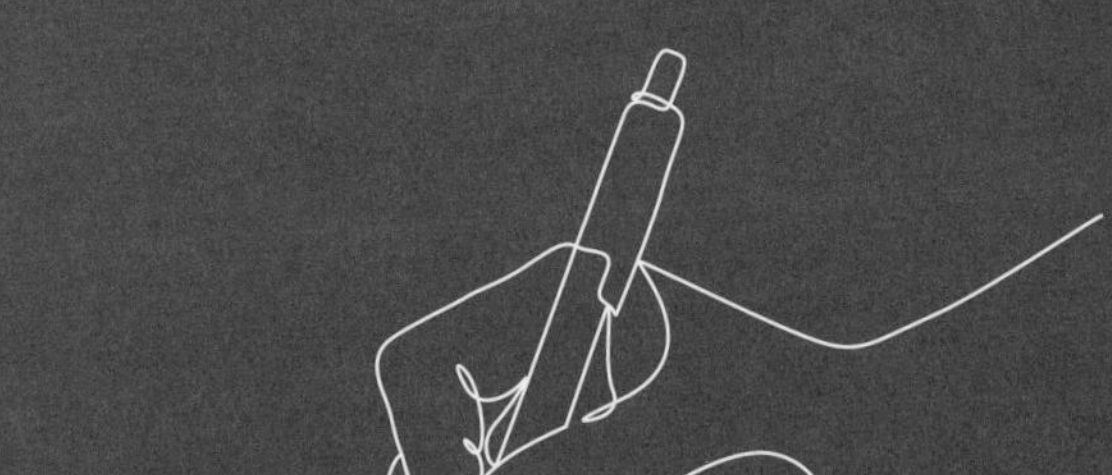

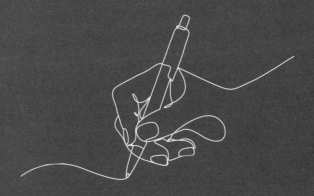

指名される人の極意

相手が悩んでいること・嬉しいことを研究する

【やり方】

担当者の悩みや嬉しいことを研究し、提案する。

【効果】

指名で仕事がもらえるようになる。

「痒《かゆ》い所に手が届く」が最強の営業

「デキる営業はものを売らない」

これが3、000名のVIPを研究して発見した意外な真実です。

桁外れの営業成績をたたき出す彼らですが、よくよく観察するとそれほどセールステクニックはうまくない。

しかしクライアントに寄り添う姿勢が群を抜いて優れていました。

彼らの本当の強みは、クライアントの悩みや嬉しいことを徹底的に研究し、それを解決する手段を提案する姿勢にあったのです。

①「会社の方針に合った提案を行う」

②「担当者個人の悩みに寄り添ったものを提案する」

「将を射《い》んと欲すればまず馬を射よ」ということわざがあるように、実は②がとても重要。

なぜならどんなによい提案でも、担当者を飛ばして決まっていくことはないからです。

成功したVIPはこのことを知っており、担当者が悩んでいること・嬉しいことに徹底して寄り添っていました。

そしてまさに痒《かゆ》い所に手が届く提案を行い、「この人は本当によくわかっている」と思われ、指名受注を獲得していたのです。

あなたも自分のために働いてくれる人がいたら手放しませんよね。

ぜひ個人の願望に寄り添ってみてください。

営業成績の公式

営業成績＝アポの数×打率×クライアントの予算規模

【やり方】

スキル向上と同時に予算の大きなクライアントを狙う。

【効果】

同じ労力で大きな成果を上げることができる。

スキル向上も重要だが予算の大きさはもっと重要

「能力が低いのに大きな利益を稼げる人の秘密は何だろう……？」

営業を始めて30年。最初の10年で感じていたのがこの疑問でした。

「アポの効率を上げる方法」「クロージングのトークを磨くテクニック」など、世の中にはデキる営業パーソンが書いたノウハウ本があふれています。

私もそのような本を500冊ほど読み込みましたが、それだけで劇的に営業成績を上げることはできませんでした。なぜなら肝心の営業の真理を把握していなかったからです。

今ならわかります。営業成績は、クライアントの予算規模で決まります。

100円の仕事も1億円の仕事も、正直、労力はそれほど大きくは変わりません。にも関わらず、普通の人は目の前の仕事に没頭。結果、時間を失い、売上が上がらないと嘆《なげ》いています。

一方、同じ時間で大きな売上を上げる人は、大きな予算規模のクライアントに注力しています。冒頭の能力が低いけれど稼ぐ営業は、まさに大きな予算のクライアントで稼いでいたのです。

スキルはとても大切です。しかし営業成績は、「営業成績＝アポの数×打率×クライアントの予算規模」の公式で決まります。

目の前の仕事も大切ですが、予算規模の大きさで仕事を選ぶことはもっと重要です。スキル向上とあわせて規模も追い求めてください。

生意気と思われないタクシーの使い方

タクシーは目的地の20メートル手前で降りる

【やり方】
目的地の20メートル手前で降りる。

【効果】
生意気と思われない。
身支度も整えられる。

目的地の20メートル手前が下馬先《げばさき》

急ぎのときはもちろん、大きな荷物を運ぶ際にタクシーを使ってクライアントを訪問することがありますよね。そんなとき、あなたはどこで車を停めるようにしていますか？

もし目的地の目の前で停めているなら、あなたは損する人です。なぜならタクシーは自分目線の移動手段であり、クライアントからすると生意気に感じる方法だからです。

江戸時代に下馬先という言葉があったように、武士の時代でも馬から降りる場所はきちんと定められ、その場所を越して乗り付けることはしませんでした。このときの風習の名残りもあり、特に年配の経営者などはお客様の玄関先まで車を乗り付けるのは失礼と考える人が多数います。タクシーを利用する際は、目的地の20メートル手前で車を降り、身なりを整えてからわざわざ歩くという行為が無礼と思われない作法です。

見る人が見れば、この行為だけで「この人は仕事の上下関係がわかっている・信用できる」と判断してくれます。 事実、私は20メートル手前で降りて歩いただけなのに、受付さんに「他社さんは車で乗り着けるのに、後田さんはいつも歩いて偉いですね」とほめられたことがあります。また上層部の人にも同じ認識を持ってもらえ、仕事が有利になったこともありました。

少しあざといかもしれませんが、とても重要な作法ですので、ぜひ身につけてください。

採用率が10倍違う提案時期

新しい提案は「予算期の2ヶ月前」にする

【やり方】

新しい提案は「予算期の２ヶ月前」に行う。

【効果】

通常の時期に比べ採用率が圧倒的に高くなる。

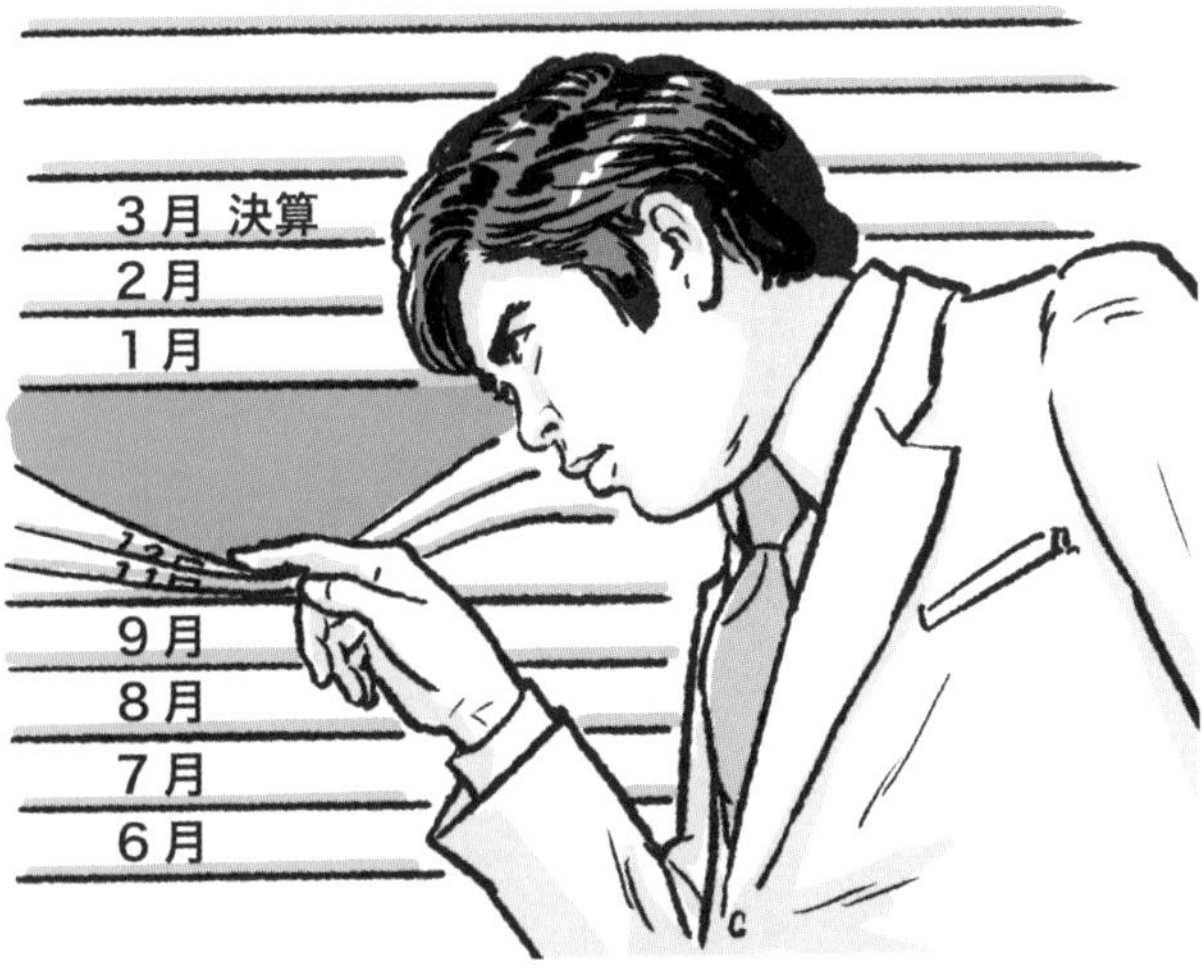

予算期の2ヶ月前は提案の決まりやすさが10倍違う

「冬に種を蒔《ま》いても芽は出ない」

農業はもちろん営業にも旬の時期があることをご存じですか？

私はこれまで30年近く飛び込み営業をしてきましたが、新しい提案が面白いように決まる時期とぜんぜん決まらない時期があることを、長年の研究で発見しました。その成果は絶大で、飛び込み営業成功率72・6％、累計30億円以上の話を獲得したほどです。

その発見とは「予算期の2ヶ月前に提案を行う」というものです。この方法は本当に強力でどんな業界にも当てはまる優《すぐ》れものです。

どんなによい提案でも予算がなければ採用されることはありません。だからこそ予算期の2ヶ月前がよいのです。

この時期は来期に行う新しい施策を検討しており、そのための予算を確保する時期。つまりどんな会社であっても役に立つ話であれば新規の会社の話も聞きたい時期なのです。

3月が決算の会社であれば予算上申は1月が一般的なため、その2ヶ月前の11月が提案時期。12月決算の会社であれば8月が最適な提案時期となります。

決算時期はウェブサイトなどに記載されていますので誰でも把握できます。

予算期の2ヶ月前は提案の決まりやすさが通常の時期より10倍は違いますので、ぜひ実践《じっせん》してください。

採用率が高い提案書の作り方

提案は相手の会社の企画書フォーマットで作る

【やり方】
クライアントの企画書フォーマットで企画書を作る。

【効果】
クライアントの手間が減り、採用率が高まる。

面倒くさくない提案書が最高である

「300ページに渡る渾身《こんしん》の出来の企画書を提案した」

「クライアントの検討日ギリギリだったが、何とか魅力的な提案ができた」

クライアントのためを思い一生懸命作成した提案書も「企画書のフォーマットを何にするか」で採用率が天と地ほど変化します。もしあなたが自社のフォーマットに固執しているなら、損する人と言えるでしょう。

一般的なクライアントは提案会社のフォーマットのまま社内上申することはありません。自社のフォーマットにコピペし直し、自分の意見を追記してから上層部に提出します。

つまり300ページの企画書や検討日のギリギリに提出された企画書は、コピーや追記の観点からすると、ありえないほど面倒くさい企画書と思われます。

これからは相手の会社の企画書フォーマットをもらい、最初からそれで提案書を作ってあげましょう。

世の中はAIが文章作成の手間を肩代わりする便利な時代になっています。それにも関わらず、いちいち打ち変える必要がある提案書なんて面倒くさくて仕方がありません。

内容も大切ですが、相手の手間を減らすのはもっと大切なおもてなしです。相手が楽に上申できるように工夫するのがデキる営業の秘密のテクニックです。

提案の説得力を増強させる方法

他業種・他国・他世代など「他」の事例を取り入れる

【やり方】
他の事例を取り入れて話す・提案する。

【効果】
説得力があると思われる。

他情報は
あなたの説得力を増強する

「追いつき、追い越せ」

明治時代や第二次世界大戦のあとに、日本はそれまででは考えられないほど大発展しました。

その理由は他国の成功事例を研究し、日本になかった優《すぐ》れたところを導入したからです。

まさに「追いつき、追い越せ」のスローガン通り。

この、他の成功者に学ぶという方法は現代のビジネスにおいても使えます。

クライアントとの会話や提案書に、積極的に他業種・他国・他世代などの「他」の成功例を取り入れてみてください。

それだけであなたの提案は説得力を増すことができます。

理由は3つあります。

①他社の成功事例をそのまま応用できるから

②他と比較することで自分の立ち位置を冷静に判断できるから

③他山の石として失敗事例を学ぶことができるから

ぜひ「他」の事例であなたの提案を増強してください。

人は他の成功事例を見ると安心し、やってみようと思うものです。

「これは助かる・便利」とクライアントから言われること間違いなしです。

クライアントが本気で喜ぶ提案の仕方

建て前の案と本音の希望の案の2つを提案する

【やり方】

予算ではなく、達成したいゴールにこだわって提案する。

【効果】

感謝された上に、予算を超えた売上が獲得できる。

本音にコミットするのがプロ

「三流の営業は予算に提案を合わせる。一流の営業は相手の悩みの解決に予算を合わせる」

３，０００名のＶＩＰの営業術を研究して発見した事実がこの法則です。

たとえば不動産賃貸の場合、普通の営業は予算を聞いて、その範囲内に収まる家を提案します。一方デキる営業は、予算に加えて新居で叶《かな》えたい理想の暮らしもヒヤリング。そして予算を超えていても本来実現したいと思っていた理想の暮らしを叶える物件も提案します。

結果、当初提示された予算を上振れした物件であっても感謝され、採用されることに成功します。

人には本音と建て前があります。これからはクライアントが言う予算（建て前）の案と、実は望んでいる本音の希望の案の２つを提案するようにしてください。

相手の予算だけに固執して提案するのは間違いです。**注力すべきは、クライアントが悩んでいる課題解決に固執し、コミットすること。**

この姿勢があれば予算を超えた提案をしても、「この人は自分の気持ちに寄り添ってくれる」と逆に感謝されます。

あなたに提案を求めるクライアントは素人です。その素人が見込んだ予算は、当然あやふやなもの。だからこそ解決したい課題に注力し、プロの目から課題解決に必要なアイデアを提案すべきなのです。相手が本気になれば、予算はあとから社内調整で何とでもなるものです。

納得感と信頼を生み出す話し方

メリットだけでなくデメリットも伝える

【やり方】

メリットだけでなくデメリットも伝える。

【効果】

信頼できる人だと思われる。

長い付き合いに発展しやすくなる。

デメリットは納得感と信頼を引き寄せる

物は言いようという言葉があるように、言い方ひとつで受け手の印象が変わることがあります。たとえば、「絶対大丈夫」と「××はできませんが、○○は絶対大丈夫」。

結論だけを比較すると同じことを言っていますが、なぜか後者の方が信頼できると感じるものです。なぜなら「うまい話は裏がある」と昔から言われるように、完全無欠な話は嘘くさいと感じ、警戒されてしまうからです。逆に自分から「××はできない」などのデメリットの話をすると、「この人は嘘をつかない信頼できる人だ」という印象を持ってもらえます。

これからはメリットだけでなくデメリットも話すようにしてください。それだけでひと味違う印象を相手に与えることができます。

また言い方に加えてトーンも重要です。デキる営業はメリットとデメリットをお客様目線で冷静に語り、熱くなりすぎないセールストークを心がけています。

セールスは相手の気持ちを押し切るものではありません。熱く語れば語るほど相手は引いていきます。冷静に語り「自分で決めた」という納得感を持ってもらえれば、長い付き合いに発展していきます。

相手とよい関係を築くためにメリットだけでなくデメリットも伝えましょう。信頼と納得感を感じてもらうのが、長く選ばれ続けるための工夫です。

そっと背中を一押《ひとお》しする方法

迷う相手には価格の基準値を示す

【やり方】
価格の基準値を示す。

【効果】
相手の不安がなくなり、納得感を持って買ってもらえる。

比較検討すると納得感が高まる

プライベートで言えば家や車、仕事で言えばシステムの導入費やオフィス機器など、適正価格がわからない品物の購入を検討しなくてはいけない場面はあるものです。

そんな一体いくらが正しいのかがわからず悩んでいる人に、自分の都合で価格を押しつけると売り逃がすことになります。

そこでおすすめなのが「価格の基準値を示し、比較してもらう」という方法です。人は比較検討すると納得感を持って選択できるようになります。

たとえば私は講演を頼まれることがあります。その際、「ギャラはいくらでしょうか？」と聞かれるのですが、このとき1つの値段提示だけだと、私のギャラが適正なのかがわからずなかなか話が進みません。

でも「過去の例ですと一番安いものは10万円、最も高かったのは30万円です。値段の違いは時間の長さと参加人数の違いです」というように比較できる価格の基準値を示せば、とんとん拍子で話が進んでいくようになります。

相手が悩んでいるときは、2つ以上の情報や特徴を提示し、比較検討してもらうのが有効です。それでも迷っているなら、今だけキャンペーンなどで損をしたくないという気持ちをくすぐるのも効果的。

基準値とお得感で相手の気持ちに寄り添ってあげるのが営業の正解です。

一期一会《いちごいちえ》のお礼の仕方

お礼状をその日のうちに送る

【やり方】
名刺交換したその日のうちにお礼状を送る。

【効果】
礼節をわきまえている人と思われる。
相手の記憶に残る。

クライアントにお礼に言われるお礼の方法

メールより手紙。フォント文字より手書き文字。デジタルよりアナログなど、ひと手間かけた方がよいとわかっているけれど、人は面倒くさいものを避《さ》け、楽な方に流れていくものです。

でもそのちょっとした手間をかけると人の印象は激変します。

そんなひと手間のひとつに「お礼状（はがき）をその日のうちに送る」というものがあります。

営業は顔と名前を覚えてもらうことからすべてが始まります。

それにも関わらず、その顔と名前を思い出してもらう工夫をする営業はほとんどおりません。だからこそお礼状が効くのです。

私はこれまで30年近い営業生活を通じて何千通というお礼状を書き、ほぼ全員から「お礼状をもらったのは初めてです」と逆にお礼を言われました。また、その結果、相手の記憶の片隅に「礼節をわきまえたお礼状の人」という認識を持ってもらうことに成功できました。

字は汚くてもだいじょうぶです。私はミミズが這《は》っているような字を書きますが、逆に「字が下手にも関わらずお礼状を書いてくれた」と喜ばれています。

名刺交換は何度もするものではありません。だからこそ一期一会の精神で最初の印象を大切にすべきです。

お礼状は、相手はもちろん、自分の心も気持ちよくしてくれますよ。

Chapter 9

会食の仕事術

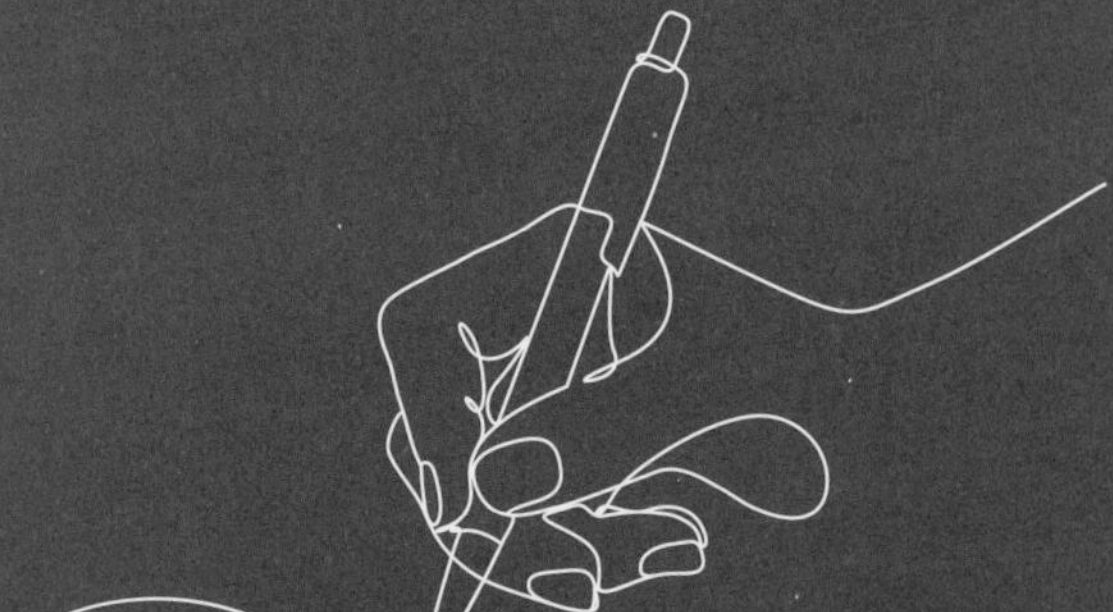

安心して会食に集中してもらうために

接待は個室が基本

【やり方】
会食場所は個室を予約する。

【効果】
情報漏《ろう》えいがなくなる。
会食に集中でき親睦《しんぼく》が深まる。

個室であれば患《うれ》いなし

2022年の個人情報の漏えい・紛失事故は2年連続で最多を更新したとのこと（東京商工リサーチ調べ）。情報を盗もうと考える悪者の知恵は、どんどん進化しています。そしてそんな悪人の罠は、接待の場にも潜《ひそ》んでいます。

デジタル化が進んだ結果、最も重要な話は口コミでしか話さない時代になりました。

だからこそ接待は個室が基本（最悪、半個室）です。これにより隣に座っていた集団がライバル会社の人間だったなんて凡ミスを防ぐことができます。まさに備《そな》えあれば患《うれ》いなしです。

また個室であればお互い会話に集中することができ、お酒の力も借りることで本音の親睦も深めやすくなります。

でも個室は緊張するですって？　だいじょうぶです。次の工夫をすると緊張を軽減できます。

- 人数と肩書を相手に合わせ、チームとして会食にのぞむ
- 相手の秘書や部下に食事の好みや会話のNGをヒヤリングしておく
- それでも緊張するなら間接照明の店を選ぶ（目線が落ち着きます）

「同じ釜の飯を食う」という言葉があるくらい、食を分かち合う行為はお互いの絆を深めてくれます。

事前準備を怠《おこた》らず、万全を期しておもてなししてください。

気持ちよく会食を始めるために

小上がりに上がるときに全員の靴を揃《そろ》える

【やり方】

全員の靴を揃える。

【効果】

育ちがよい・みんなに貢献する人という印象を持たれる。

育ちのよさは靴の扱いに出る

「礼儀作法は人間関係を滑らかにする」と、松下幸之助さんは言いました。

もちろん会食においても礼儀作法は大変重要です。たとえば脱いだ靴の扱い。

ベストセラー『「育ちがいい人」だけが知っていること』（諏内えみ著、ダイヤモンド社）によれば、和食など小上がりに上がるなどの靴を脱ぐときは、背中を見せながら脱ぐのはNG。正面を向いたまま靴を脱ぎ、くるっと180度靴を反転させ、端に寄せるのが礼儀とのこと。

たったこれだけなのにあなたの教養の有無がわかってしまいます。

加えてVIPは、自分の分だけでなく、全員の靴を揃えるおもてなしを仕掛けています。

「たかだか靴じゃないか」と、思われたかもしれません。でも会食を共にするお相手のキーマンは靴を揃えるあなたを見て、次のような印象を持ちます。

- 靴を揃えてくれたら、すぐに履《は》けて便利だな。
- 丁寧な人だな。きっと育ちがよいのだろう。
- 気持ちがよくなった。この後の会食も楽しみだ。

たかが靴、されど靴。靴のおもてなしひとつで「気持ちのよい人」「みんなに貢献できる人」と思われます。

会食の最初の掴《つか》みに合格できますので、ぜひやってみてください。

満足したと思われるために

食べ物・飲み物はわざと余るくらい用意する

【やり方】

食べ物・飲み物は多めに用意する。

【効果】

飲食の恨みを買わずに、お客様に満足してもらえる。

満足感は会食の重要ポイント

「食べ物の恨みは怖い」と昔から言われるように、会食の悪印象はずっと根に持たれます。そんな悪印象のひとつに「物足りなかった」というものがあります。

フードロスの観点で食事は残らないようにするのがよいと言われますが、会食においてその考えはＮＧです。

会食の基本はお招きしたお客様に満足してもらうこと。つまりおなか一杯にさせるのが大原則です。

お客様から「実はもう少し食べたい・飲みたい」と言い出すことはありません。**だからこそこちらが気を回して、わざと余るくらい用意するのが正解なのです。**

中国では「食べきれないほど十分に料理を提供してもらった。満足しています」という姿勢を見せるために、逆に料理を少し残すのがマナーになっています。

このようなマナーがあるように日本はもちろん世界でも、会食での食事の量は気にすべきおもてなしポイントとなっています。

フードロスを気にするのであれば、余った料理を持ち帰り用として詰めてもらえばまったく問題ありません。

ぜひ多めに食べ物・飲み物を用意してください。そして「よく食べた。満足です」という言葉をお客様から引き出しましょう。満腹を意識することは会食の大原則です。

アフターコロナの新常識

料理がきたら率先して取り分ける

【やり方】
料理がきたら取り分ける。

【効果】
会話に集中できるようになり、楽しい時間を過ごせる。

料理を取り分けるのが新時代の常識

「自分の食べるペースがあるから、料理を取り分けるなんてナンセンス」

もしこのように考えているなら、あなたは古い考えの持ち主かもしれません。

たしかにコロナ禍前は、「料理を取り分ける・取り分けない論争」がありましたが、今は個人用に取り分けるのが清潔で安全と考える新時代になりました。

ビジネスの会食は遊びではありません。お客様に気持ちよく食事を楽しんでもらうためにも、個別に取り分けるのが正解です。

また会食の目的は、会話を通しての情報交換です。

相手の気持ちを、「いつ料理に手を出してよいのか?」「もう少し食べてよいのか?」などの遠慮の塊《かたまり》にさせるのは失礼と言うもの。

「嫌いなものはないですか?」とひと声かけて取り分けたり、最初からお店に相談して個別に取り分けた状態で料理を提供してもらえば、相手も楽しい会話に気が緩み、つい貴重な情報や本音を話してしまうものです。

エバラ食品の調査によれば、楽しい会食は「相手とのこころの距離が近くなる」(32・3%)、「相手の気持ちを理解しやすくなる」(24・6%)など、プラスのことが満載です。

料理を取り分け、安心して食事をすることは、楽しくて嬉しいおもてなしなのです。

会食の満足度を高めるために

「ストーリー×映える」が好印象を生み出す

【やり方】

脳が喜ぶ演出を行う。

【効果】

おもてなしされたと満足してもらえる。

会食の満足度は脳が判断する

「味は舌で、風味は嗅覚《きゅうかく》で、美味《おい》しさは脳で判断する」

2022年NHKスペシャル「食の起源」という番組で紹介されていた食に関する情報です。

私たち人間は自分の舌や嗅覚より、人から与えられる「情報」で美味しさを感じるという不思議な能力を持っているとのこと。この考え方は会食のおもてなしにも使えます。

旬の食材や名物料理の成り立ち、料理の背景にあるストーリーをお店に人に紹介してもらいましょう（あなたが話すのでもOKです）。すると相手の脳が「だから美味しいのか」と感じ、会食の満足感がぐんと向上していきます。

またSNSの映える感覚も使えます。料理の彩《いろど》りやボリュームなどのビジュアルはもちろん、あなたの見た目の服装も会食のよい情報として影響します。

男性であれば「ポケットチーフを入れる」「ネクタイを少し派手なものにする」「ジャケットを暖色系のものに変える」。

女性であればデニムやニットのようなカジュアルではなく「ワンピースやスーツを着る」「普段と異なるアクセサリーを身につける」など、TPOに合わせてこちらも服装を変えれば、相手の脳があなたのやる気の情報をキャッチし、嬉しく思ってくれます。

会食の満足度は脳が判断しています。

ぜひ「ストーリー×映える」で演出してあげましょう。

急な《・》カラオケでも焦らない・失敗しない

カラオケの1曲目をあらかじめ決めておくと便利&安心

【やり方】
歌う曲を事前に決めておく。

【効果】
自分が焦らなくなる。
サッと歌えて場の雰囲気を暖められる。

間違いない曲とは30年近く活躍している人の歌

コロナが終息に向かい、徐々に復活してきたのがカラオケです。

気の合う仲間とのカラオケであれば悩みは少ないですが、これがクライアントとなると何を歌ってよいかが急にわからなくなるものです。

そんなとき役立つのが「カラオケの1曲目をあらかじめ決めておく」という工夫です。

おすすめは30年近く活躍されている人の歌を選ぶこと。

キャラクタービジネスの世界では30年近く人気のコンテンツは永遠に人気と言われています。なぜなら親も子も同じコンテンツを見て育つから。ドラえもんやウルトラマン、仮面ライダーなどはその典型例です。

この考え方に乗っ取りカラオケでは、郷ひろみさんの「2億4千万の瞳」、安室奈美恵さんの「Ｈｅｒｏ」などのアップテンポの曲を最初に歌えば失敗することはありません。

もし年配の人が多い場であればスピッツの「ロビンソン」などもウケがよい。このように1曲目を決めておけば便利&安心してカラオケにのぞめます。

カラオケで一緒に盛り上がれば、その後の人間関係もスムーズになります。

同じ歌・同じ時間を共有すれば心理的な距離が縮まりますので、「誰から歌い始める?」という遠慮のお見合い状態をあなたの1曲で吹き飛ばしてあげましょう。

相手の地雷を踏まないために

お酒の銘柄とタクシーはお相手の取引先を確認してから手配する

【やり方】
会食相手の取引先を調べる。

【効果】
「わかっている人」と安心してもらえる。

お客様にもお客様は存在する

失敗の9割は真剣に謝れば許されますが、これだけは間違えてはいけないという地雷が世の中には存在します。そんなやっかいな地雷はもちろん会食にも潜《ひそ》んでいます。

会食における地雷とは相手の取引先を軽んじることです。

「アサヒビールから大量の仕事をもらっている相手にキリンビールを提供してしまう」

「日産に大変お世話になっているクライアント向けのタクシーの車種がトヨタ車だった」

「ガス関連の会社の人なのにＩＨ調理の店にお連れした」などは典型的な地雷です。

会食相手にも当然、お客様が存在します。お酒・車・服・靴・クレジットカードの銘柄などは、相手の取引先かどうかという視点でチェックしてから会食にのぞむのが正解です。

お客様の取引先は次の3つの方法で調べることができます。

①相手の部下など、聞きやすい人に取材する

②帝国データバンクなどの信用調査で取引先を調べる

③有価証券報告書で現在の取り組み情報やメインバンクを調べる

相手の取引先に配慮すると「この人はわかっている」と安心してもらえます。

これからは自分の都合ではなく、相手の取引先に寄り添うようにしてください。

費用対効果が抜群に高いタクシーの使い方

タクシーでお客様と同乗する際はおつりをもらわない

【やり方】
タクシーのおつりはもらわない。

【効果】
お客様の時間を大切にするという姿勢をアピールできる。

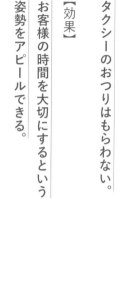

海老で鯛を釣るタクシーの作法

「おつりはいいので、缶コーヒーでも飲んでください」

これがタクシーにおける最も費用対効果の高い工夫です。

タクシーも電子マネーで支払いするのが一般的になりましたが、クライアントと同乗する際は現金で支払うことをおすすめします。

なぜなら「あなたのことを大切にしています」という姿勢を見える化し、アピールすることができるからです。

タクシーの上座は、お客様が右側（奥）、自分が左側に座るのがマナーです。でもこの席次だとあなたがタクシー料金を支払うまでクライアントをお待たせすることになります。

通常であれば支払いに時間がかかり、「いつまで待たせるのか」とイライラされます。しかし、小銭のおつりを受け取らず、「おつりはいいので缶コーヒーでも飲んでください」と言うだけで同乗したクライアントは、自分のイライラ解消のために配慮してくれたと感じ、あなたに好印象を持ってくれます。

私はこの数百円のおもてなしで何人ものＶＩＰから配慮できる人という印象を持たれ、数千万円単位の仕事をいくつも指名で受注してきました。まさに「海老で鯛を釣る」のことわざ通り。

費用対効果が抜群に高い工夫なので、ぜひやってみてください。

感謝の気持ちを確実に伝える方法

会食のお礼は「その場・翌日・次回会ったとき」の3回言う

【やり方】
お礼は3回言う。

【効果】
感謝の気持ちが確実に相手に伝わる。礼儀知らずと思われない。

感謝の気持ちは大盛りでちょうどよい

「自分が人にしてあげたことは忘れない。でも他人にしてもらったことはすぐに忘れる」

これが人間のやっかいな性《さが》です。そんな性のひとつに会食のお礼があります。

お客様に貴重な時間をいただいたり、上司にご馳走してもらったときなどは、きちんと&しっかりとお礼を言わないと、礼儀知らず・恩知らずと思われます。

そこでおすすめなのが「会食のお礼は3回言う」というおもてなしです。

①お店を出たあとに「本日はありがとうございました」とお礼を言う（基本ですね）。

②翌朝に対面・電話・メールなどでお礼を言う（メールの場合は、会食の場のエピソードなどを書き、きちんと覚えている感を出す）。

③次回会った際に「この前は貴重な時間をありがとうございました」と言う（まだ覚えてくれているのか！　と思ってもらえます）。

このように「その場・翌日・次回会ったとき」の3回お礼を言うくらいで、ようやく相手もきちんとお礼を言われたと認識します。

目上の人は、お礼の言葉がない人（少ない人）に軽い失望をずっと抱《いだ》いています。

だからこそ感謝の気持ちは大盛りくらいがちょうどよいのです。

新しい部署で失敗しないために

歓迎会こそ攻めの気持ちで

【やり方】

歓迎会は

仕事同様の攻めの姿勢でのぞむ。

【効果】

新しい仲間に

「きちんとした人だ」と思ってもらえる。

歓迎会は仕事である

「今日は君が主役だから楽しんでね」

新しい職場や異動先の職場などで懇親《こんしん》の場として、歓迎会を開いてもらうことがあります。そんなとき冒頭の言葉を鵜《う》呑《の》みにすると痛い人と思われ、失敗します。

職場の人にとっての歓迎会とは、お酒の力を借りてあなたの本音や振る舞いをチェックするある意味個人査定の会です（文章にすると怖いですね……）。

だからこそ、しっかりと気を引き締め、攻めの気持ちでのぞむのが正解です。

● お酒に飲まれないように事前にウコンドリンクを飲んでおく（軽食を事前に食べておく）。
● 偉い人から順番にお酌してまわる（飲めない場合は「私はウーロン茶でも酔えるんです」と言いソフトドリンクを飲む）。
● 「注文を任せた」と言われたらお店の人におすすめ料理を聞いて、「早く出てくるもの・サラダ系・炒め物&揚げ物」をオーダーする。

などをそつなくこなし、きちんとした人であることをアピールしましょう。

歓迎会は遊びではなく、仕事の一環です。「用心に怪《け》我《が》なし」のことわざの通り、事前に用心すれば失敗を回避できます。

受け身ではなく攻めの気持ちが自分を守ってくれますよ。

Chapter 10

自分を鍛える仕事術

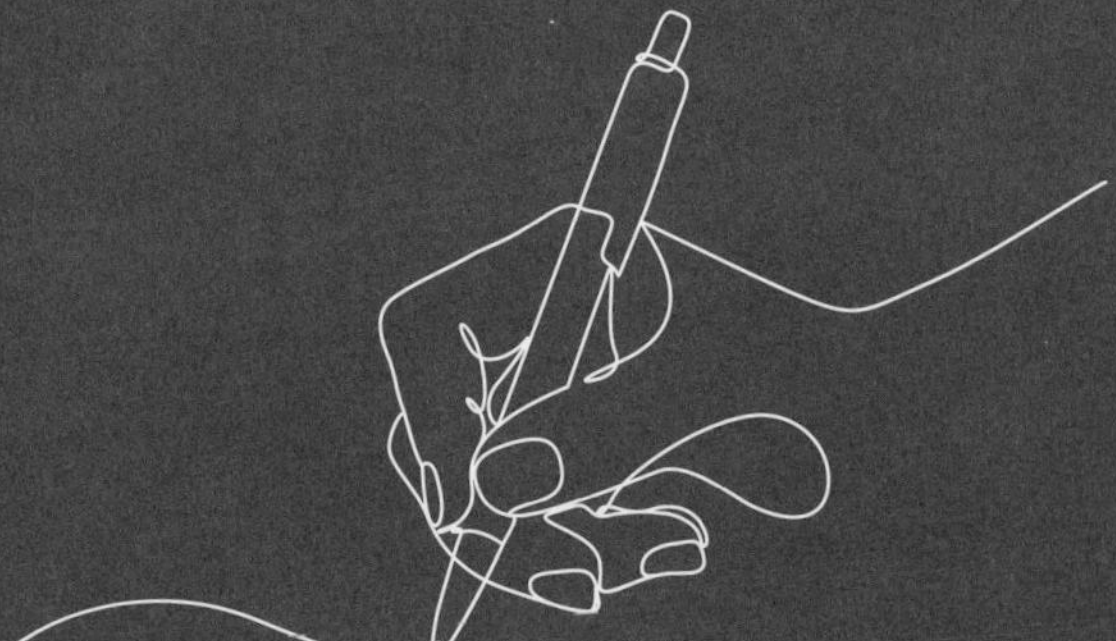

ピンチをチャンスに変える発想法

差別や不公平を大前提で考える

【やり方】
逆境を大前提に
「だったらどうする?」と考える。

【効果】
思いもしない改善策が思いつく。
ポジティブに生きられる。

逆境は主人公の証《あかし》

「何で自分ばかりひどい目に遭《あ》うのだろう……」

片親・貧乏・低学歴、田舎育ちやいじめなど、人生はマイナスの連続。自分のせいならまだしも、生まれた環境が悪いと「やってられない」ととめげたくなるものです（ちなみに私は母子家庭のど貧乏出身のため、過去に随分と悩みました……）。

でもその逆境、実はあなたが人生の主人公である証です。

ハリウッド映画の法則をご存じですか？

映画はたった2時間で観客の心を掴《つか》む手法として逆境をフル活用しています。

①映画の前半で主人公はどん底に突き落とされる（100％こうなっています）

②誰もが諦《あきら》めるような逆境にも関わらず、主人公は這《は》い上がろうと努力し始める

③数々の試練と戦い、ようやく理想とするゴールを手に入れる

いかがですか？

観客は逆境に立ち向かう主人公に共感し、その過程に感動していきます。「ハリー・ポッター」や「スター・ウォーズ」、日本の「鬼滅の刃」もこの構成で大ヒットしました。

差別や不公平を嘆くのではなく、それを大前提で「だったらどうする？」と考えてみてください。

すると思いもしなかったポジティブなアイデアが思いつくようになりますよ。

自分を変えるちょっとした習慣

まぁまぁ好き（嫌いじゃない）を増やす

【やり方】
好きと嫌いの間《あいだ》を作る。

【効果】
ぬるま湯から抜け出すことができる。

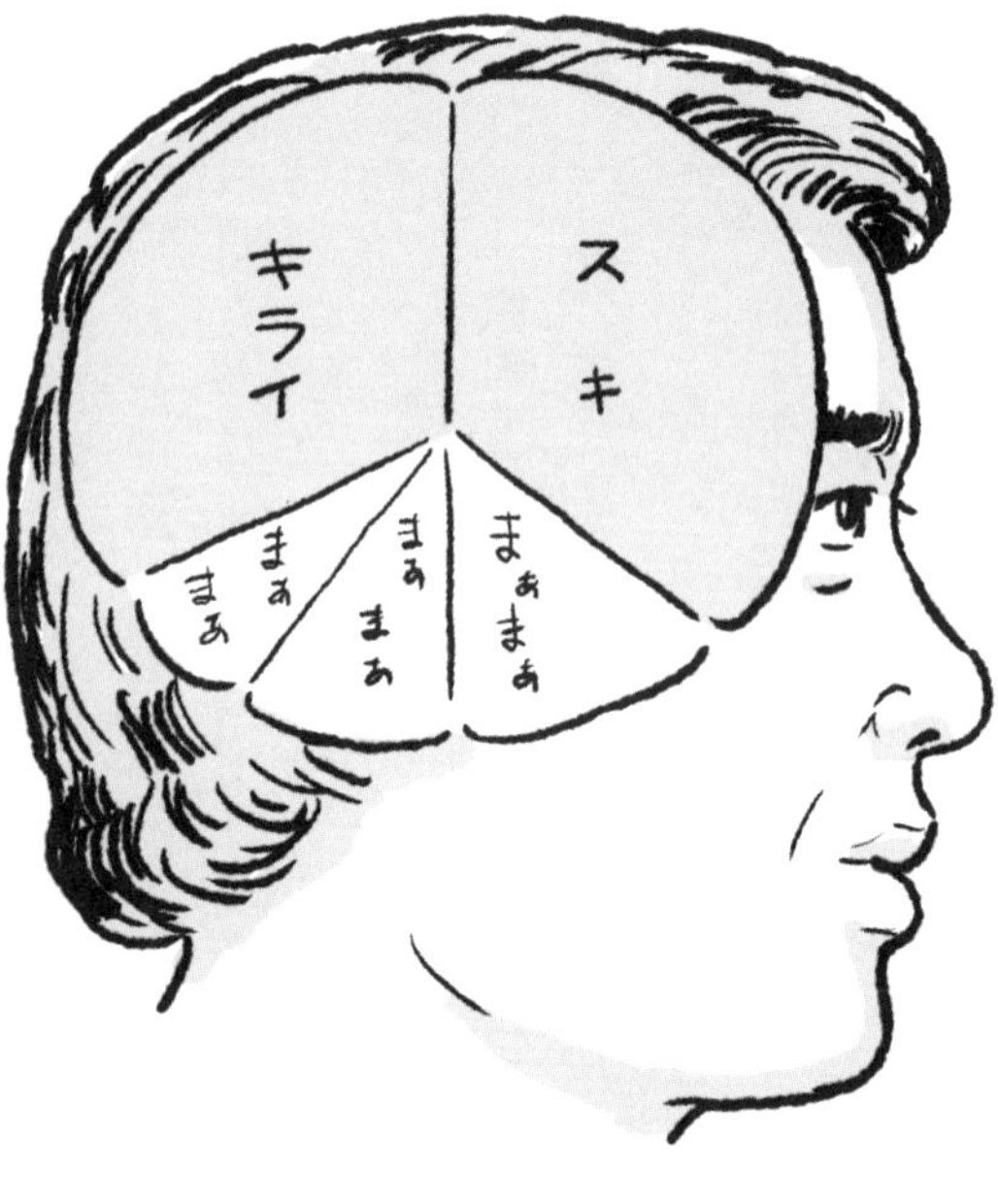

「まぁまぁ」は半歩踏み出す勇気をくれる

「人は一緒に過ごす時間が長い5人を平均した人物である」と組織心理学者のベンジャミン・ハーディは言いました。

選《え》り好みという言葉があるように、人は「好きなこと・好きな人・好きな場所」などの好きなことしかしない生き物です。

もし自分を変えたい・鍛えたいと思うのであれば、この自分のガラパゴス化を打破しないとぬるま湯につかった人間になってしまいます。

そこでおすすめなのが「まぁまぁ好き（嫌いじゃない）を増やす」という方法です。

世の中には好きと嫌いの間《あいだ》にまぁまぁが存在します。そしてこのまぁまぁを利用すれば、半歩ずつ成長することができます。

まぁまぁですから、大好きとは異なり、たとえ失敗しても気になりません。

また未知の分野に踏み出すときは勇気がいりますが、まぁまぁであればそんなに勇気も必要ない。

成長は食べ物と同じです。

好きなお肉ばかりを食べていると栄養が偏《かたよ》り不健康になる。

だからこそまぁまぁな野菜を食べ、バランスを取るのが重要です。

あなたの人生も同じです。好きなことだけではバランスを崩します。

まぁまぁを活用し、変化とバランスを調整していきましょう。

自分のために時間を使う方法

思い切って予定をスカスカにする

【やり方】

予定をスカスカにしてみる。

【効果】

新しいことにチャレンジできるようになる。

予定は液体と同じである

「もし今日が人生最後の日だったら、今日やることは本当にしたいことなのか?」とスティーブ・ジョブズは言いました。

あなたはやりたいことができていますか?

やりたいことはいっぱいあるのに目の前の仕事に追われて時間が取れないという人は案外多いようです。

そこでおすすめなのが「思い切って予定をスカスカにする」という方法です。

もしあなたが望み通りの人生を送れていないのであれば、それはつまらない用事で予定をいっぱいにしているから。

あなたの本当にやりたいことは、やりたくない予定に弾《はじ》かれています。

だからこそ予定をスカスカにする必要があるのです。

予定は水のような液体と同じです。

空きがあるとどんどん新しいものが流れ込んできます。

やりくり上手は、「仕事を断る」「急ぎでないなら明日に回す」などの工夫を仕掛け、意図的に予定をスカスカにしています。

時にはマイナスの話もくるかもしれません。

でもいつか必ずプラスの話も流れ込んできます。

予定に空きがあるからこそ、新しいことにチャレンジできるのです。

ぜひ自分の時間の主人公になってください。

正しい努力の方向性

まず「自分のため」に頑張る

【やり方】
まず自分のために頑張る。

【効果】
自分の成長を通して
チームに貢献できる。

「チームのために」は言い訳の元

「One for All, All for One（一人はみんなのために、みんなは一人のために）」

ラグビーワールドカップの日本代表の活躍もあり、ラグビー精神をあらわしたこの言葉も有名になりました。

勝利を掴《つか》むためにチームに貢献する姿勢は、スポーツはもちろんビジネスにおいても大変重要です。でも美しい花には棘《とげ》があるように、美しい言葉には厳しい現実が隠れています。

もしあなたがチームに貢献したいと願うなら、まずチームよりも自分を鍛えることを優先してください。

なぜなら「チームのために」という言葉には「自分なりに頑張ったのだけど……」という責任回避や言い逃れが含まれているからです。

「自分のためにやるからこそ、それがチームのためになるんであって、チームのためになんて言うヤツは言い訳する」と、第1回ワールドベースボールクラシックで監督を務め、見事日本を世界一に導いた王貞治さんは言いました。

チームのために頑張るのは大切です。でもその前に自分ができるギリギリの量に取り組み、努力する。

その結果、実力を付けることに成功し、初めてチームに貢献できるようになる。

これが大人のOne for Allです。

チームという甘い言葉に逃げない姿勢が重要なんですね。

相手と自分の両方を大切にする約束の作法

些細《ささい》な約束こそ100％守る

【やり方】
小さな約束ほどきちんと守る。

【効果】
信頼度がアップする。
自分を裏切らない。

些細な約束を守ると相手も自分も嬉しくなる

「ぜひ飲みに行きましょう」

「また連絡します」

相手の気分を害さないために、話の流れで何《なに》気《げ》なくつい言ってしまうこれらの言葉。

あなたは社交辞令のつもりでも、相手は本気にしているかもしれません。

些細な約束であっても忘れると、相手は裏切られたと思い、失望します。

逆に「○日でいかがでしょうか？」などと提案されたら、きちんと約束を守ってくれたと嬉しくなるものです。

しかも些細な約束を実践《じっせん》するだけで信頼度がぐんと向上しますので、こんなにラッキーな習慣はありません。

また些細な約束を守ることは、自分を好きになることにもつながります。

小さな約束破りは、実は相手よりも自分が「守っていない・嘘をついた」と気づいているものです。

そんな裏切り行為を続けると、約束を守れない自分をどんどん嫌いになっていきます。

「天が知る。地が知る。自分が知る。相手が知る」という「四知《しち》」という言葉が中国にあるように、たとえ相手が忘れていても、自分や天地は嘘をついたことを知っています。

些細な約束を守ると相手も自分も嬉しくなります。

約束は覚えて守るが鉄則です。

信頼性の高い情報で自分を磨く

本を毎日10分読む

【やり方】

書籍で情報を得る習慣を持つ。

【効果】

きちんとした情報を入手できる。

他人と差別化できる。

質のよい情報が成長のカギ

「1日のスマホのネットの利用時間は5時間以上が22・7％で最も多い」

KDDIが18〜22歳の若者のスマホライフを調査した結果です。

私たちは自分が思う以上にSNSや動画・ネットサーフィンなどのスマホ情報に接しています。だからこそ一周回ってきちんとした本を読む習慣を持つことがとても重要になりました。

情報は「一次情報・二次情報・三次情報」という3つの種類に分類されます。

一次情報とは、自分でえた情報や本などの書籍の情報のこと。

二次情報とは、一次情報を加工した情報（自分の足で調べていないもの）。

三次情報とは、出所がわからない情報・うわさ話などを示します。

そして最も時間を割いているネット情報は信ぴょう性にかける二次情報や三次情報に該当します。これでは他人と差別化したり、成長するのは難しい。だからこそ本が必要なのです。

そもそも本を出せる人は結果を出してきたその道のプロ。その第一人者が自分のノウハウを惜しげもなくさらけ出した一次情報の塊を使わないのはもったいない。

「よき書物を読むことは、過去の最も優れた人達と会話をかわすようなものである」と、フランス人哲学者のデカルトは言いました。

1日10分でもOKです。自分を変えるために読書習慣を持ちましょう。

自分を変える簡単な方法

信用されている人と付き合う

【やり方】

信用されている人と付き合い、マネをする。

【効果】

あなたの行動が変わり、信用されるようになる。

人は付き合う人に影響される

「信用第一」という言葉があるようにビジネスにおいて信用ほど重要なものはありません。そんな重要スキルが、ある方法を使うと簡単に入手できるようになります。

それは信用されている人と付き合うという方法です。

『天才！ 成功する人々の法則』（マルコム・グラッドウェル著、勝間和代訳、講談社）によれば、「ビル・ゲイツ、ビートルズなど傑出した成功者たちの秘密は、『彼らがどんな人』ではなく、『どんな環境の出身者』による」かとのこと。

つまり人の成功は、持って生まれた才能や性格ではなく、環境に左右される。だから信用をえたいと思うなら、意図的に信用されている人と付き合うのが正解なのです。

信用されている人は、「約束をきちんと守る」「思いやりがあり面倒見がとてもよい」「他人の貴重な時間を奪わないように時間を守る」「悪口を言わない」など、皆が喜ぶ当たり前のことをコツコツとやっています。

でもこのコツコツの継続が本当に難しい。だからこそ彼らと付き合い、それが当たり前に思う環境に身を置くのがよいのです。

「類は友を呼ぶ」と言われるように、こうなりたいという人と付き合うと、どんどんその人に似ていきます。

信用されたいなら、信用されている人の中に入るのが一番なのです。

苦難を乗り越える言葉使い

前向きな言葉使いを身につける

【やり方】

前向きな言葉を使う。

【効果】

気持ちがプラスに向く。

発した言葉は実現する

「言霊《ことだま》」をご存じでしょうか？

人の発言には不思議な力があり、発せられた言葉の通りの結果が実現してしまうという意味の言葉です。

嘘のような話ですが、実は案外当たっています。

たとえば仕事で失敗したときに「もうダメだ」と口にすると、ダメな気持ちが加速するものです。

そこでおすすめなのが前向きな言葉使いを身につけることです。

×困った→◎ちょうどよかった
×地獄だ→◎乗り越えたら天国だ
×もうダメだ→◎逆転の始まりだ

目の前に起こっている出来事は同じですが、それを表現する言い方を変えると印象が180度プラスに変わります。

脳は不思議なもので言い方や見方を変えるだけで、マイナスにはマイナスの理由を、プラスにはプラスの理由を探し始める機能が付いています。

だったらプラスに使わないのはもったいない。**苦しいことは誰にでも起こります。だからこそ前向きな言葉を使ってみましょう。**

目の前は嫌な状態でも、視点を変えれば、新しい可能性に気づけるようになりますよ。

今までにないアイデアがひらめく

「生《なま》」を見に行く

【やり方】
リアルな現場を見に行く。

【効果】
新しいアイデアがひらめく。
仲間や自分だけの
価値観に出会える。

スマホを捨てよ、町へ出よう

初めてサグラダ・ファミリアを見たとき、私は頭を殴られたような衝撃を受けました。

サグラダ・ファミリアとはスペインにある世界文化遺産に登録されている教会のこと。1882年に建築家のガウディが着工に取り組み、2026年に完成予定の建物です。

実物を見る前の私は「所詮、ただの建物でしょ」と偏見を持っていました。でも生で140年を越えて紡がれてきた職人の想いを目にし、大感動。自分の固定概念を大いに反省しました。

心理学者のベンジャミン・ハーディによると「神経科学上、職場でひらめく確率は16%」とのこと。**もしあなたがよいアイデアを生み出したいと願うなら、生の現場を見に行くことが重要です。**映画・絵画・演劇・スポーツ・大自然や海外旅行など何でもOK。そこにはネットやテレビでは体験できない、リアルならではの息づかいが存在しています。

また生の現場に行くと、それに興味を持つ仲間と出会うことができます。

サッカーや野球を観戦し、点を獲ったときの興奮の共有などは現場のリアルに勝るものはありません。加えて生を体験することで自分だけのオリジナルの価値観を持つこともできます。

「書を捨てよ、町へ出よう」と劇作家の寺山修司は言いました。スマホを捨て、意識的に外へ出ましょう。その積極性があなたを想像以上に進化させてくれます。

最後に笑う人がしていること

汗かく、恥かく、夢えがく

【やり方】

やりたいことを諦《あきら》めずにチャレンジする。

【効果】

自分の理想を叶えることができる。

失敗こそが人生である

「できる・できない」で言えば、できない。

でも「やりたい・やりたくない」で言えば、やりたい。

誰だっていきなり成功したいのが本音です。

でも世の中はそんなに甘くはありません。

だからこそ、「汗かき、恥かき、夢をえがく」ことをおすすめします。

たとえば私は英語が話せません。点数にするとＴＯＥＩＣは２３５点（小学生レベル）です……。

でも海外の仕事がしたかった。そこで汗と恥をかきながらも夢を抱《いだ》いて手をあげ続けたところ、ニューヨーク・フィラデルフィア・ラスベガス、ミラノ・ロンドン・バルセロナ、北京・上海・台北・ソウル、ジャカルタやマレーシアなど、海外の仕事を請《う》け負《お》うことができました。

誰もが最初から成功者ではありません。どんな天才だって赤ちゃんの頃は字も読めない。

でも失敗しながらも少しずつ努力するから、将来に花が開いていきます。

事実、**私が接してきた3、000名のVIPも、「自分で自分にブレーキを踏まないこと」をモットーに行動していました。**

失敗こそ人生です。ぜひうまくいかないときを楽しんでください。

「汗かき、恥かき、夢をえがいた人」にはご褒《ほう》美《び》が必ず待っています。

おわりに——目に見えないタスキ

「動物園か、ここは……」

新入社員の頃、私は仕事で出会う人を動物園の猛獣たちと思っていました。

まるで新宿の高層ビルのように書類を積み上げ、その中に埋もれながら仕事をする営業。

デスクで堂々とたばこを吸い、その煙で周囲を威嚇《いかく》する経理部長。

自分の意見を譲《ゆず》らず、ついには取っ組み合いのケンカを始める血気盛んな技術職。

給湯室で、なぜかおでんを煮込んでいるお局様《つぼねさま》。

月曜に出社し、土曜の夜に帰宅するモーレツ社員のクライアント。

うまい店なら何でも知っていると豪語し、寝る間も惜しんで遊び歩く先輩たち。

おわりに―― 目に見えないタスキ

会社はなんてヤバいところなんだろうと本当に思いました。

でも私が仕事でミスをして、その尻拭《しりぬぐ》いで先輩が深夜残業に付き合ってくれたときに考えが変わりました。

先輩曰く、「俺に恩返しする必要はない。お前に後輩ができたら教えてやればいい」。

仕事は古い人から新しい人へ、上から下へ教えていくもので、それにいちいち感謝する必要はない。大切なのは「大事なことをみんなで次の世代にきっちり伝えていくことである」。

およそ30年前の深夜2時に、コピー機の前で言われたこのことを、今でも鮮明《せんめい》に覚えています。

社会人には「目に見えないタスキ」が存在します。

駅伝競走の走者がバトンの代わりに手渡し、想いをつないでいくあのタスキと同じです。

昭和のビジネスパーソンは本当に動物のような人ばかりでしたが、彼らにも次の世代へ渡すタスキが存在し、それを新しい人に引き継いでほしいと思っていたのです。

そんな社会人のタスキが、今、私の手のひらの中に存在しています。

この本は私からあなたに渡すタスキです。


昭和の仕事術はおもてなしの技術です。

スマートな仕事術もありますが、あざといと言われる技術もたしかにあります。でもその清濁《せいだく》併《あわ》せ呑《の》む姿勢こそ、人間であり、結果を生む仕事術だと私は確信しています。


まずは、とにかく一生懸命働いてみてください。

誰が見ているとか見ていないとかは関係ありません。あなたが自分の仕事に、自分で納得できるかが重要です。

すると不思議なことに、見ていないだろうと思ったあなたの仕事ぶりを見ている人が100%現れます。それはもう絶対です。そしてあなたの仕事の結果はもちろん、人生が根底から変わり始めます。

ぜひ昭和の仕事術を身につけ、クライアントはもちろん、あなた自身をおもてなししてあげてください。

人生を充実させたいと思うなら、仕事に対しての姿勢を変えることが一番の近道だと、私は先輩方から引き継いだタスキで知りました。

「I'm changing the world when I grow up.」
（あなたの成長が世界を変えていく）

この本があなたの素晴らしい人生の一隅《いちぐう》を照らしてくれることを願ってやみません。

最後に、仕事以外のおもてなしはすっかりダメダメな私を、温かく見守ってくれる妻と娘にこの場を借りてお礼を言わせてください。いつも本当にありがとう。

いつかあなたと一緒に仕事ができることを楽しみにして、筆をおきたいと思います。

【著者紹介】

後田　良輔（うしろだ・りょうすけ）

◉――大手広告会社に30年間営業職として勤務し、誰でも使える「タイムパフォーマンス抜群の気くばり（略してタイパ気くばり）」を駆使する気くばりのプロフェッショナル。

◉――これまで応対したVIPは、世界企業のCEO、東証上場会社の社長、政治家、医者、弁護士、大学教授、大物俳優、ミリオンセラー作家、世界No.1クリエイターなど総勢3,000名を超える。この特別丁寧に接しなければならない顧客との交流で磨かれた上質なスキルと、「東京・名古屋・大阪」のビジネス三大都市で、実際に住んで身につけた30年のリアルな経験をぎゅっと凝縮させた誰でも使える「タイパ気くばり」に定評がある。

◉――……だがしかし、元は母子家庭で生まれ育ち、差別と迫害の幼少期を過ごした自他ともに認める「落ちこぼれ」。学力は高３秋のテストで430人中420位を記録。ギリギリ入れた三流大学を卒業後、奇跡的に広告会社に入社するも、単純ミスで100万部の誤印刷をするなどのありえない失敗を連発。よかれと思ったことがすべて裏目に出て、そのストレスでうつ病になり、半年間社会人をリタイア。そんなどん底から抜け出すために、行動が裏目に出る理由を解明すべく古今東西の気づかいの方法を2,000時間以上研究した結果、誰でも使える「タイパ気くばり」の開発に成功。飛び込み営業成功率72.6％、累計30億円以上の商談を獲得する。できない自分だったからこそ身につけることができた「仕事のおもてなし」を得意分野とする。

◉――主な著書は、海外でも翻訳出版された『ぶっちぎり理論38』、『気配りの正解』（ともにダイヤモンド社）など多数。これらの実績を買われ、メディア露出は50回以上、大手ネットメディアへの寄稿は100本を超える。ミッションは、「世界からコミュニケーションの悩みをなくすこと」。

https://note.com/ryosuke_ushiroda/

今《いま》こそ使《つか》える 昭和《しょうわ》の仕事術《しごとじゅつ》

ビジネスマン30年生《ねんせい》の経験《けいけん》がたった３分《さんぷん》で身《み》につく

2024年４月22日　第１刷発行
2024年６月４日　第２刷発行

著　者――後田　良輔
発行者――齊藤　龍男
発行所――株式会社かんき出版
東京都千代田区麹町4-1-4 西脇ビル　〒102-0083
電話　営業部：03(3262)8011㈹　編集部：03(3262)8012㈹
FAX　03(3234)4421　振替　00100-2-62304
https://kanki-pub.co.jp/

印刷所――ベクトル印刷株式会社